Smag på Middelhavet

En kulinarisk rejse gennem sydens smagsoplevelser

Sofia Rosi

Indhold

Marokkansk tagine med grøntsager 9

Salat wraps med kikærter og selleri 11

Grillede grøntsagsspyd 13

Tomatfyldte Portobello-svampe 15

Visne mælkebøttegrønt med sødt løg 17

Selleri og sennepsblade 18

Sprøde grøntsager og tofu 19

simple zoodles 21

Linser og tomat wraps 22

skål med middelhavsgrøntsager 24

Grillet grøntsagshummus wrap 26

Spanske grønne bønner 28

Rustik blomkål og gulerods hash 29

Brændt blomkål og tomater 30

Brændt agern squash 32

Sauteret spinat med hvidløg 34

Courgetter sauteret med hvidløg og mynte 35

Okra kompot 36

Peberfrugt fyldt med søde grøntsager 37

Aubergine Moussaka 39

Drueblade fyldt med grøntsager 41

Grillede aubergineruller 43

Sprøde zucchini-fritter 45

Spinat- og ostetærter 47

Agurkesandwichbid 49

Yoghurt dip 50

Tomatspyd 51

Tomater fyldt med oliven og ost 53

Tapenade af peber 54

koriander falafel 55

Hummus med rød peber 57

Hvide bønnedip 58

Malet lammehummus 59

Aubergine dip 60

Grøntsagsfritter 61

Bulgur lam frikadeller 63

Agurkebid 65

Fyldt avokado 66

Emballerede blommer 67

Feta og marinerede artiskokker 68

Tun kiks 69

Røget laks rå grøntsager 72

Citrusmarinerede oliven 72

Tapenade af oliven med ansjoser 74

Manchego kiks 76

Burrata Caprese bunke 78

Zucchini og Ricotta Fritters med Citron Hvidløg Aioli 80

Lakse fyldte agurker 81

Gedeost og makrelpostej 83

Smag af middelhavsfedtbomber 85

Avocado Gazpacho 86

Krabbe salat kopper 88

Orange Estragon Kylling Salat Wrap 90

Svampe fyldt med feta og quinoa 92

Fem ingrediens falafel med hvidløgyoghurtsauce 94

Citronrejer med hvidløg olivenolie 96

Sprøde grønne bønnefrites med citron-yoghurtsauce 98

Hjemmelavede havsalt pita chips 100

Bagt Spanakopita Dip 101

Ristet perleløg dip 103

Tapenade af rød peberfrugt 105

Græske kartoffelskind med oliven og feta 107

Pita fladbrød med artiskokker og oliven 109

Fiesta kyllingesalat 111

Majs og sorte bønnesalat 113

Fantastisk pastasalat 115

Tun salat 117

Sydlig kartoffelsalat 118

Syv lags salat 120

Grønkål, Quinoa og avocadosalat med citron-dijondressing 122

Kyllingesalat 124

Cobb salat 126

Broccolisalat 128

Jordbærspinatsalat 130

Pæresalat med Roquefort 132

mexicansk bønnesalat 134

Melonsalat 136

Orange selleri salat 138

Brændt broccolisalat ... 139

Tomatsalat ... 141

Feta roe salat ... 142

Blomkål og tomatsalat ... 143

Flødeost Pilaf ... 144

Ristet aubergine salat ... 146

ristede grøntsager ... 147

Pistacie og rucola salat ... 149

Bygrisotto med parmesan ... 150

Seafood & Avocado Salat ... 152

Middelhavssalat med rejer ... 154

Kikærtepastasalat ... 155

Middelhavsrøre ... 157

Balsamico agurkesalat ... 159

Kefta oksebøffer med agurkesalat ... 160

Kyllinge- og agurkesalat med persillepesto ... 162

Nem rucolasalat ... 164

Feta og kikærtesalat ... 165

Græske skåle med brune og vilde ris ... 166

Græsk salat middag ... 167

Citron og fennikel salat ... 169

Græsk kyllingesalat med krydderurter ... 171

Græsk couscous salat ... 173

Denver Fried Omelet ... 175

Pølse Pan ... 177

Grillede marinerede rejer ... 179

Pølseæggryde ... 181

Bagte omeletfirkanter 183

Svampe med sojasovs glasur 185

Æggekager 187

Paleo Mandel Banan Pandekager 189

Zucchini med æg 191

Osteagtig Amish morgenmadsgryde 192

Salat med Roquefort 194

Ris med vermicelli 196

Bønner og ris 198

smørbønner 200

Freekeh 202

Stegte riskugler i tomatsauce 202

spanske ris 205

Zucchini med ris og tzatziki 207

Cannellini bønner med rosmarin hvidløg Aioli 209

Jeweled ris 210

Asparges Risotto 212

Marokkansk tagine med grøntsager

Forberedelsestid: 20 minutter

Madlavningstid: 40 min

Portioner: 2

Sværhedsgrad: Medium

Ingredienser:

- 2 spsk olivenolie
- ½ løg, i tern
- 1 fed hvidløg, hakket
- 2 kopper blomkålsbuketter
- 1 mellemstor gulerod, skåret i 1-tommers stykker
- 1 kop aubergine i tern
- 1 dåse hele tomater med saft
- 1 dåse (15 ounce / 425 g) kikærter
- 2 små røde kartofler
- 1 kop vand
- 1 tsk ren ahornsirup
- ½ tsk kanel
- ½ tsk gurkemeje
- 1 tsk spidskommen
- ½ tsk salt
- 1 til 2 teskefulde harissa pasta

Rutevejledning:

I en hollandsk ovn opvarmes olivenolien over medium-høj varme. Sauter løg i 5 minutter under omrøring af og til, eller indtil løget er gennemsigtigt.

Rør hvidløg, blomkålsbuketter, gulerod, aubergine, tomater og kartofler i. Mos tomaterne med en træske i små stykker.

Tilsæt kikærter, vand, ahornsirup, kanel, gurkemeje, spidskommen og salt og rør rundt. Koge

Når du er færdig, reducerer du varmen til medium-lav. Rør harissa-pastaen i, læg låg på, lad det simre i cirka 40 minutter, eller indtil grøntsagerne er møre. Smag til og juster krydderier efter behov. Lad stå inden servering.

Ernæring (pr. 100 g): 293 Kalorier 9,9 g Fedt 12,1 g Kulhydrater 11,2 g Protein 811 mg Natrium

Salat wraps med kikærter og selleri

Forberedelsestid: 10 minutter

Madlavningstid: 0 minutter

Portioner: 4

Sværhedsgrad: Let

Ingredienser:

- 1 dåse (15 ounce / 425 g) kikærter med lavt natriumindhold
- 1 stilk selleri, skåret i tynde skiver
- 2 spsk finthakket rødløg
- 2 spsk usaltet tahin
- 3 spsk honningsennep
- 1 spsk kapers, udrænet
- 12 smørsalatblade

Rutevejledning:

Mos kikærterne i en skål med en kartoffelmoser eller bagsiden af en gaffel, indtil de er næsten glatte. Tilsæt selleri, rødløg, tahini, honningsennep og kapers til skålen og rør, indtil det er godt indarbejdet.

For hver servering lægges tre overlappende salatblade på en tallerken og tops med ¼ af den mosede kikærtepuré, og rul derefter sammen. Gentag med resterende salatblade og kikærteblanding.

Ernæring (pr. 100 g): 182 Kalorier 7,1g Fedt 3g Kulhydrater 10,3g Protein 743mg Natrium

Grillede grøntsagsspyd

Forberedelsestid: 15 minutter

Madlavningstid: 10 minutter

Portioner: 4

Sværhedsgrad: Let

Ingredienser:

- 4 mellemstore rødløg, pillet og skåret i 6 tern
- 4 mellemstore zucchini, skåret i 1 tomme tykke skiver
- 2 oksekødtomater i kvarte
- 4 røde peberfrugter
- 2 orange peberfrugter
- 2 gule peberfrugter
- 2 spsk + 1 tsk olivenolie

Rutevejledning:

Forvarm grillen til medium-høj varme. Spidd grøntsagerne, skiftevis rødløg, zucchini, tomater og peberfrugter i forskellige farver. Smør dem med 2 spsk olivenolie.

Olér grillristene med 1 tsk olivenolie og grill grøntsagsspydene i 5 minutter. Vend spyddene og grill i 5 minutter mere, eller indtil de er kogte efter din smag. Lad spyddene køle af i 5 minutter inden servering.

Ernæring (pr. 100 g): 115 kalorier 3 g fedt 4,7 g kulhydrater 3,5 g protein 647 mg natrium

Tomatfyldte Portobello-svampe

Forberedelsestid: 10 minutter

Madlavningstid: 15 minutter

Portioner: 4

Sværhedsgrad: Medium

Ingredienser:

- 4 store Portobello-svampehatte
- 3 spsk ekstra jomfru olivenolie
- Salt og sort peber efter smag
- 4 soltørrede tomater
- 1 kop revet mozzarellaost, delt
- ½ til ¾ kop lav natrium tomatsauce

Rutevejledning:

Forvarm grillen til høj varme. Læg svampehætterne på en bageplade og dryp med olivenolie. Drys med salt og peber. Grill i 10 minutter, vend svampehætterne halvvejs gennem tilberedningen, indtil de er gyldne på toppen.

Fjern fra grillen. Læg 1 tomat, 2 spiseskefulde ost og 2 til 3 spiseskefulde sauce på hver champignonhætte. Sæt svampehætterne tilbage på grillen og fortsæt med at grille i 2-3 minutter. Lad afkøle 5 minutter før servering.

Ernæring (pr. 100 g): 217 Kalorier 15,8 g Fedt 9 g Kulhydrater 11,2 g Protein 793 mg Natrium

Visne mælkebøttegrønt med sødt løg

Forberedelsestid: 15 minutter

Madlavningstid: 15 minutter

Portioner: 4

Sværhedsgrad: Let

Ingredienser:

- 1 spsk ekstra jomfru olivenolie
- 2 fed hvidløg, hakket
- 1 Vidalia løg, skåret i tynde skiver
- ½ kop grøntsagsbouillon med lavt natriumindhold
- 2 bundter mælkebøttespirer, groft hakket
- Friskkværnet sort peber efter smag

Rutevejledning:

Varm olivenolien op i en stor gryde ved lav varme. Tilsæt hvidløg og løg og kog i 2 til 3 minutter under omrøring af og til, eller indtil løget er gennemsigtigt.

Rør grøntsagsbouillon og mælkebøttegrønt i og kog i 5-7 minutter, indtil det er blødt, under jævnlig omrøring. Drys med sort peber og anret på en tallerken, mens den er varm.

Ernæring (pr. 100 g): 81 Kalorier 3,9 g Fedt 4 g Kulhydrater 3,2 g Protein 693 mg Natrium

Selleri og sennepsblade

Forberedelsestid: 10 minutter

Madlavningstid: 15 minutter

Portioner: 4

Sværhedsgrad: Medium

Ingredienser:

- ½ kop grøntsagsbouillon med lavt natriumindhold
- 1 stilk selleri, groft hakket
- ½ sødt løg, hakket
- ½ stor rød peberfrugt, skåret i tynde skiver
- 2 fed hvidløg, hakket
- 1 bundt grofthakket sennepsgrønt

Rutevejledning:

Hæld grøntsagsbouillonen i en stor støbejernsgryde og bring det i kog ved middel varme. Rør selleri, løg, peberfrugt og hvidløg i. Kog uden låg i cirka 3 til 5 minutter.

Tilsæt sennepsgrønt til gryden og bland godt. Reducer varmen og kog indtil væsken er fordampet og grøntsagerne er visne. Fjern fra varmen og server varm.

Ernæring (pr. 100 g): 39 Kalorier 3,1g Protein 6,8g Kulhydrater 3g Protein 736mg Natrium

Sprøde grøntsager og tofu

Forberedelsestid: 5 minutter

Madlavningstid: 10 minutter

Portioner: 2

Sværhedsgrad: Let

Ingredienser:

- 2 spsk ekstra jomfru olivenolie
- ½ rødløg, finthakket
- 1 kop hakket grønkål
- 8 ounce (227 g) svampe, skåret i skiver
- 8 ounce (227 g) tofu, skåret i stykker
- 2 fed hvidløg, hakket
- Knip rød peberflager
- ½ tsk havsalt
- 1/8 tsk friskkværnet sort peber

Rutevejledning:

Kog olivenolien i en medium nonstick-gryde over medium-høj varme, indtil den skinner. Tilsæt løg, grønkål og champignon i gryden. Kog, rør af og til, eller indtil grøntsagerne begynder at brune.

Tilsæt tofuen og svits i 3-4 minutter, indtil den er blød. Rør hvidløg, rød peberflager, salt og sort peber i og kog i 30 sekunder. Lad hvile inden servering.

Ernæring (pr. 100 g): 233 Kalorier 15,9 g Fedt 2 g Kulhydrater 13,4 g Protein 733 mg Natrium

simple zoodles

Forberedelsestid: 10 minutter

Madlavningstid: 5 minutter

Portioner: 2

Sværhedsgrad: Let

Ingredienser:

- 2 spsk avocadoolie
- 2 mellemstore zucchini, spiraliseret
- ¼ tsk salt
- Friskkværnet sort peber efter smag

Rutevejledning:

Opvarm avocadoolien i en stor gryde ved middel varme, indtil den skinner. Tilsæt zucchini-nudler, salt og sort peber til gryden og vend til belægning. Kog og rør konstant, indtil det er mørt. Serveres varm.

Ernæring (pr. 100 g): 128 Kalorier 14g Fedt 0,3g Kulhydrater 0,3g Protein 811mg Natrium

Linser og tomat wraps

Forberedelsestid: 15 minutter

Madlavningstid: 0 minutter

Portioner: 4

Sværhedsgrad: Let

Ingredienser:

- 2 kopper kogte linser
- 5 romatomater i tern
- ½ kop smuldret fetaost
- 10 store friske basilikumblade, skåret i tynde skiver
- ¼ kop ekstra jomfru olivenolie
- 1 spsk balsamicoeddike
- 2 fed hvidløg, hakket
- ½ tsk rå honning
- ½ tsk salt
- ¼ tsk friskkværnet sort peber
- 4 store grønne kålblade, stilke fjernet

Rutevejledning:

Kombiner linser, tomater, ost, basilikumblade, olivenolie, eddike, hvidløg, honning, salt og sort peber og bland godt.

Arranger collard greens på en flad arbejdsflade. Hæld lige store mængder af linseblandingen rundt om kanterne af bladene. Rul dem sammen og halver dem til servering.

Ernæring (pr. 100 g): 318 Kalorier 17,6 g Fedt 27,5 g Kulhydrater 13,2 g Protein 800 mg Natrium

skål med middelhavsgrøntsager

Forberedelsestid: 10 minutter

Madlavningstid: 20 minutter

Portioner: 4

Sværhedsgrad: Medium

Ingredienser:

- 2 kopper vand
- 1 kop #3 bulgurhvede eller quinoa, skyllet
- 1½ tsk salt, delt
- 1 pint (2 kopper) cherrytomater, halveret
- 1 stor peberfrugt, hakket
- 1 stor agurk, hakket
- 1 kop Kalamata oliven
- ½ kop friskpresset citronsaft
- 1 kop ekstra jomfru olivenolie
- ½ tsk friskkværnet sort peber

Rutevejledning:

Kog vand i en medium gryde ved middel varme. Tilsæt bulgur (eller quinoa) og 1 tsk salt. Dæk til og kog i 15 til 20 minutter.

For at arrangere grøntsagerne i dine 4 skåle skal du visuelt dele hver skål i 5 sektioner. Læg den kogte bulgur i én sektion. Fortsæt med tomater, peberfrugt, agurker og oliven.

Pisk citronsaft, olivenolie, resterende ½ tsk salt og sort peber sammen.

Hæld vinaigretten jævnt over de 4 skåle. Server med det samme eller dæk til og stil på køl til senere.

Ernæring (pr. 100 g): 772 Kalorier 9g Fedt 6g Protein 41g Kulhydrater 944mg Natrium

Grillet grøntsagshummus wrap

Forberedelsestid: 15 minutter

Madlavningstid: 10 minutter

Portioner: 6

Sværhedsgrad: Medium

Ingredienser:

- 1 stor aubergine
- 1 stort løg
- ½ kop ekstra jomfru olivenolie
- 1 tsk salt
- 6 lavash wraps eller store pitabrød
- 1 kop cremet traditionel hummus

Rutevejledning:

Forvarm en grill, stor grillpande eller let olieret stor stegepande over medium varme. Skær aubergine og løg i cirkler. Smør grøntsagerne med olivenolie og drys med salt.

Kog grøntsagerne på begge sider, cirka 3 til 4 minutter på hver side. For at lave wrap, læg lavash eller pita fladt. Læg cirka 2 spsk hummus på wrap.

Fordel grøntsagerne jævnt mellem wraps, overlappende dem på den ene side af wrap. Fold forsigtigt siden af wrap sammen med grøntsagerne, læg dem ind og form en stram wrap.

Læg omslagssiden nedad og skær den i halve eller tredjedele.

Du kan også pakke hver sandwich ind i plastfolie for at hjælpe den med at holde formen og spise den senere.

Ernæring (pr. 100 g): 362 Kalorier 10g Fedt 28g Kulhydrater 15g Protein 736mg Natrium

Spanske grønne bønner

Forberedelsestid: 10 minutter

Madlavningstid: 20 minutter

Portioner: 4

Sværhedsgrad: Let

Ingredienser:

- ¼ kop ekstra jomfru olivenolie
- 1 stort løg, hakket
- 4 fed hvidløg, finthakket
- 1 pund grønne bønner, friske eller frosne, trimmet
- 1½ tsk salt, delt
- 1 dåse (15 ounce) tomater i tern
- ½ tsk friskkværnet sort peber

Rutevejledning:

Varm olivenolie, løg og hvidløg op; kog 1 minut. Skær de grønne bønner i 2 tommer stykker. Tilsæt de grønne bønner og 1 tsk salt til gryden og bland alt sammen; kog 3 minutter. Tilsæt tomater i tern, resterende ½ tsk salt og sort peber i gryden; fortsæt med at lave mad i yderligere 12 minutter, under omrøring af og til. Serveres varm.

Ernæring (pr. 100 g): 200 kalorier 12g fedt 18g kulhydrater 4g protein 639mg natrium

Rustik blomkål og gulerods hash

Forberedelsestid: 10 minutter

Madlavningstid: 10 minutter

Portioner: 4

Sværhedsgrad: Let

Ingredienser:

- 3 spsk ekstra jomfru olivenolie
- 1 stort løg, hakket
- 1 spsk hvidløg, hakket
- 2 kopper gulerødder, skåret i tern
- 4 kopper blomkålsstykker, vasket
- 1 tsk salt
- ½ tsk stødt spidskommen

Rutevejledning:

Kog olivenolie, løg, hvidløg og gulerødder i 3 minutter. Skær blomkålen i 1-tommers eller mundrette stykker. Tilsæt blomkål, salt og spidskommen til gryden og vend sammen med gulerødder og løg.

Dæk til og kog i 3 minutter. Tilsæt grøntsagerne og fortsæt med at koge i yderligere 3 til 4 minutter. Serveres varm.

Ernæring (pr. 100 g): 159 Kalorier 17g Fedt 15g Kulhydrater 3g Protein 569mg Natrium

Brændt blomkål og tomater

Forberedelsestid: 5 minutter

Madlavningstid: 25 minutter

Portioner: 4

Sværhedsgrad: Medium

Ingredienser:

- 4 kopper blomkål, skåret i 1-tommers stykker
- 6 spsk ekstra jomfru olivenolie, delt
- 1 tsk salt, delt
- 4 kopper cherrytomater
- ½ tsk friskkværnet sort peber
- ½ kop revet parmesan

Rutevejledning:

Forvarm ovnen til 425°F. Tilsæt blomkål, 3 spsk olivenolie og ½ tsk salt til en stor skål og vend det godt rundt. Fordel på en bageplade i et jævnt lag.

Tilsæt tomaterne, de resterende 3 spiseskefulde olivenolie og ½ tsk salt i en anden stor skål, og vend tomaterne godt rundt. Hæld ud på en anden bageplade. Sæt blomkålsbladet og tomatbladet i ovnen for at stege i 17-20 minutter, indtil blomkålen er let brunet og tomaterne er fyldige.

Læg blomkålen med en spatel i et serveringsfad og pynt med tomater, sort peber og parmesan. Serveres varm.

Ernæring (pr. 100 g): 294 Kalorier 14g Fedt 13g Kulhydrater 9g Protein 493mg Natrium

Brændt agern squash

Forberedelsestid: 10 minutter

Madlavningstid: 35 min

Portioner: 6

Sværhedsgrad: Medium

Ingredienser:

- 2 agern squash, mellemstore til store
- 2 spsk ekstra jomfru olivenolie
- 1 tsk salt plus mere til krydderier
- 5 spsk usaltet smør
- ¼ kop hakkede salvieblade
- 2 spsk friske timianblade
- ½ tsk friskkværnet sort peber

Rutevejledning:

Forvarm ovnen til 400°F. Skær agern squash i halve på langs. Skrab frøene ud og skær dem vandret i ¾-tommer tykke skiver. I en stor skål, dryp squashen med olivenolie, drys med salt og vend den godt rundt.

Læg agern squash fladt på en bageplade. Læg i bagepladen i ovnen og kog squashen i 20 minutter. Vend squashen med en spatel og kog i yderligere 15 minutter.

Blødgør smørret i en medium gryde ved middel varme. Tilsæt salvie og timian til det smeltede smør og kog i 30 sekunder.

Overfør de kogte squashskiver til en tallerken. Hæld smør/urteblandingen over squashen. Smag til med salt og sort peber. Serveres varm.

Ernæring (pr. 100 g): 188 Kalorier 13g Fedt 16g Kulhydrater 1g Protein 836mg Natrium

Sauteret spinat med hvidløg

Forberedelsestid: 5 minutter

Madlavningstid: 10 minutter

Portioner: 4

Sværhedsgrad: Let

Ingredienser:

- ¼ kop ekstra jomfru olivenolie
- 1 stort løg, skåret i tynde skiver
- 3 fed hvidløg, hakket
- 6 poser (1 pund) babyspinat, vasket
- ½ tsk salt
- 1 citron, skåret i tern

Rutevejledning:

Steg olivenolie, løg og hvidløg i en stor stegepande i 2 minutter ved middel varme. Tilsæt en pose spinat og ½ tsk salt. Dæk panden til og lad spinaten visne i 30 sekunder. Gentag (undlad salt), og tilsæt 1 pose spinat ad gangen.

Når al spinaten er tilsat, tages låget af og koges i 3 minutter, så noget af væden kan fordampe. Serveres varm med et skvæt citron på toppen.

Ernæring (pr. 100 g): 301 Kalorier 12g Fedt 29g Kulhydrater 17g Protein 639mg Natrium

Courgetter sauteret med hvidløg og mynte

Forberedelsestid: 5 minutter

Madlavningstid: 10 minutter

Portioner: 4

Sværhedsgrad: Let

Ingredienser:

- 3 store grønne zucchini
- 3 spsk ekstra jomfru olivenolie
- 1 stort løg, hakket
- 3 fed hvidløg, hakket
- 1 tsk salt
- 1 tsk tørret mynte

Rutevejledning:

Skær zucchinien i ½ tomme tern. Kog olivenolie, løg og hvidløg i 3 minutter under konstant omrøring.

Tilsæt zucchini og salt til stegepanden og rør sammen med løg og hvidløg, kog i 5 minutter. Tilsæt mynten til gryden, rør for at kombinere. Kog yderligere 2 minutter. Serveres varm.

Ernæring (pr. 100 g): 147 Kalorier 16g Fedt 12g Kulhydrater 4g Protein 723mg Natrium

Okra kompot

Forberedelsestid: 55 minutter

Madlavningstid: 25 minutter

Portioner: 4

Sværhedsgrad: Let

Ingredienser:

- ¼ kop ekstra jomfru olivenolie
- 1 stort løg, hakket
- 4 fed hvidløg, finthakket
- 1 tsk salt
- 1 pund frisk eller frossen okra, renset
- 1 dåse (15 ounce) almindelig tomatsauce
- 2 kopper vand
- ½ kop frisk koriander, finthakket
- ½ tsk friskkværnet sort peber

Rutevejledning:

Bland og kog olivenolie, løg, hvidløg og salt i 1 minut. Rør okra i og kog i 3 minutter.

Tilsæt tomatsauce, vand, koriander og sort peber; rør rundt, læg låg på og kog i 15 minutter under omrøring af og til. Serveres varm.

Ernæring (pr. 100 g): 201 Kalorier 6g Fedt 18g Kulhydrater 4g Protein 693mg Natrium

Peberfrugt fyldt med søde grøntsager

Forberedelsestid: 20 minutter

Madlavningstid: 30 minutter

Portioner: 6

Sværhedsgrad: Medium

Ingredienser:

- 6 store peberfrugter i forskellige farver
- 3 spsk ekstra jomfru olivenolie
- 1 stort løg, hakket
- 3 fed hvidløg, hakket
- 1 gulerod, hakket
- 1 dåse (16 ounce) kikærter, skyllet og drænet
- 3 kopper kogte ris
- 1½ tsk salt
- ½ tsk friskkværnet sort peber

Rutevejledning:

Forvarm ovnen til 350°F. Sørg for at vælge peberfrugt, der kan stå oprejst. Skær hætten af peberfrugten og skrab frøene ud, gem hætten til senere. Læg peberfrugterne i et ovnfast fad.

Varm olivenolie, løg, hvidløg og gulerødder i 3 minutter. Rør kikærterne i. Kog yderligere 3 minutter. Tag gryden af varmen og hæld de kogte ingredienser i en stor skål. Tilsæt ris, salt og peber; bland for at kombinere.

Fyld hver peberfrugt til toppen, og sæt derefter peberhætterne på igen. Dæk bageformen med alufolie og bag i 25 minutter. Fjern folien og bag i yderligere 5 minutter. Serveres varm.

Ernæring (pr. 100 g): 301 kalorier 15 g fedt 50 g kulhydrater 8 g protein 803 mg natrium

Aubergine Moussaka

Forberedelsestid: 55 minutter

Madlavningstid: 40 min

Portioner: 6

Sværhedsgrad: Svært

Ingredienser:

- 2 store auberginer
- 2 tsk salt, delt
- olivenolie spray
- ¼ kop ekstra jomfru olivenolie
- 2 store løg, skåret i skiver
- 10 fed hvidløg, skåret i skiver
- 2 dåser (15 ounce) tomater i tern
- 1 dåse (16 ounce) kikærter, skyllet og drænet
- 1 tsk tørret oregano
- ½ tsk friskkværnet sort peber

Rutevejledning:

Skær auberginen vandret i ¼ tomme tykke runde skiver. Drys aubergineskiverne med 1 tsk salt og læg dem i et dørslag i 30 minutter.

Forvarm ovnen til 450°F. Dup aubergineskiverne tørre med et køkkenrulle og spray hver side med olivenoliespray eller pensl hver side let med olivenolie.

Saml auberginerne i et enkelt lag på en bageplade. Sæt i ovnen og kog i 10 minutter. Vend derefter skiverne med en spatel og kog i yderligere 10 minutter.

Svits olivenolie, løg, hvidløg og den resterende 1 tsk salt. Kog 5 minutter, under omrøring sjældent. Tilsæt tomater, kikærter, oregano og sort peber. Lad det simre i 12 minutter under omrøring af og til.

Brug en dyb ildfast fad og begynd at lægge lag, start med aubergine og derefter sauce. Gentag indtil alle ingredienser er brugt. Bages i 20 minutter. Tag ud af ovnen og server varm.

Ernæring (pr. 100 g): 262 Kalorier 11g Fedt 35g Kulhydrater 8g Protein 723mg Natrium

Drueblade fyldt med grøntsager

Forberedelsestid: 50 minutter

Madlavningstid: 45 minutter

Portioner: 8

Sværhedsgrad: Medium

Ingredienser:

- 2 kopper hvide ris, skyllet
- 2 store tomater, fint skåret
- 1 stort løg, finthakket
- 1 grønt løg, finthakket
- 1 kop frisk italiensk persille, finthakket
- 3 fed hvidløg, hakket
- 2½ teskefulde salt
- ½ tsk friskkværnet sort peber
- 1 krukke (16 ounce) drueblade
- 1 kop citronsaft
- ½ kop ekstra jomfru olivenolie
- 4 til 6 kopper vand

Rutevejledning:

Bland ris, tomater, løg, grønt løg, persille, hvidløg, salt og sort peber. Dræn og skyl vindruebladene. Forbered en stor gryde ved at lægge et lag vindrueblade i bunden. Læg hvert blad fladt og klip stilkene.

Læg 2 spiseskefulde af risblandingen i bunden af hvert blad. Fold siderne ind, og rul derefter op så stramt som muligt. Sæt de rullede drueblade i glasset, og stil hvert rullet vindrueblad op. Fortsæt med at lægge de rullede drueblade i lag.

Hæld forsigtigt citronsaft og olivenolie over vindruebladene og tilsæt nok vand til lige at dække druebladene med 1 tomme. Læg en tyk tallerken mindre end grydens åbning på hovedet på vindruebladene. Dæk gryden til og kog bladene ved middel-lav varme i 45 minutter. Lad stå 20 minutter før servering. Serveres varm eller kold.

Ernæring (pr. 100 g): 532 Kalorier 15g Fedt 80g Kulhydrater 12g Protein 904mg Natrium

Grillede aubergineruller

Forberedelsestid: 30 minutter

Madlavningstid: 10 minutter

Portioner: 6

Sværhedsgrad: Medium

Ingredienser:

- 2 store auberginer
- 1 tsk salt
- 4 ounce gedeost
- 1 kop ricotta
- ¼ kop frisk basilikum, finthakket
- ½ tsk friskkværnet sort peber
- olivenolie spray

Rutevejledning:

Skær toppen af auberginerne af og skær auberginerne på langs i ¼ tomme tykke skiver. Drys skiverne med salt og læg auberginerne i et dørslag i 15-20 minutter.

Pisk gedeost, ricotta, basilikum og peber. Forvarm en grill, grillpande eller let olieret stegepande over medium varme. Dup aubergineskiverne tørre og sprøjt let med olivenoliespray. Læg auberginerne på grillen, slagtekyllingen eller stegepanden og steg i 3 minutter på hver side.

Tag auberginerne af varmen og lad dem køle af i 5 minutter. For at rulle, læg en skive aubergine fladt, læg en spiseskefuld af osteblandingen i bunden af skiven og rul. Server med det samme eller stil på køl indtil servering.

Ernæring (pr. 100 g): 255 kalorier 7 g fedt 19 g kulhydrater 15 g protein 793 mg natrium

Sprøde zucchini-fritter

Forberedelsestid: 15 minutter

Madlavningstid: 20 minutter

Portioner: 6

Sværhedsgrad: Let

Ingredienser:

- 2 store grønne zucchini
- 2 spsk italiensk persille, finthakket
- 3 fed hvidløg, hakket
- 1 tsk salt
- 1 kop mel
- 1 stort sammenpisket æg
- ½ kop vand
- 1 tsk bagepulver
- 3 kopper vegetabilsk eller avocadoolie

Rutevejledning:

Riv zucchinien i en stor skål. Tilsæt persille, hvidløg, salt, mel, æg, vand og gær til skålen og rør rundt. I en stor gryde eller frituregryde over medium varme opvarmes olien til 365°F.

Hæld dejen i den varme olie med en skefuld. Vend donuts med en hulske og steg dem gyldenbrune, cirka 2 til 3 minutter. Si donutsene fra olien og læg dem på en tallerken beklædt med køkkenrulle. Serveres varm med cremet tzatziki eller cremet traditionel hummus til dypning.

Ernæring (pr. 100 g): 446 Kalorier 2g Fedt 19g Kulhydrater 5g Protein 812mg Natrium

Spinat- og ostetærter

Forberedelsestid: 20 minutter

Madlavningstid: 40 min

Portioner: 8

Sværhedsgrad: Svært

Ingredienser:

- 2 spsk ekstra jomfru olivenolie
- 1 stort løg, hakket
- 2 fed hvidløg, hakket
- 3 poser (1 pund) babyspinat, vasket
- 1 kop fetaost
- 1 stort sammenpisket æg
- Butterdejsplader

Rutevejledning:

Forvarm ovnen til 375°F. Varm olivenolie, løg og hvidløg op i 3 minutter. Tilsæt spinaten i stegepanden en pose ad gangen, lad den visne mellem hver pose. Bland med en tang. Kog 4 minutter. Når spinaten er kogt, fjern overskydende væske fra gryden.

I en stor skål kombineres fetaost, æg og kogt spinat. Læg butterdejen fladt på en arbejdsflade. Skær dejen i 3 tommer firkanter. Læg en spiseskefuld af spinatblandingen i midten af en firkant af butterdej. Fold det ene hjørne af firkanten over til det diagonale hjørne, så du danner en trekant. Krymp tærtens kanter, tryk ned med tænderne på en gaffel for at forsegle dem sammen. Gentag indtil alle firkanter er fyldt.

Læg tærterne på en bageplade beklædt med bagepapir og bag dem i 25-30 minutter eller indtil de er gyldenbrune. Serveres lun eller ved stuetemperatur.

Ernæring (pr. 100 g): 503 Kalorier 6g Fedt 38g Kulhydrater 16g Protein 836mg Natrium

Agurkesandwichbid

Forberedelsestid: 5 minutter

Madlavningstid: 0 minutter

Portioner: 12

Sværhedsgrad: Let

Ingredienser:

- 1 agurk, skåret i skiver
- 8 skiver fuldkornsbrød
- 2 spsk flødeost, mild
- 1 spsk purløg, hakket
- ¼ kop avocado, skrællet, udstenet og moset
- 1 tsk sennep
- Salt og sort peber efter smag

Rutevejledning:

Fordel den mosede avocado på hver skive brød, fordel også resten af ingredienserne undtagen agurkeskiverne.

Fordel agurkeskiverne på brødskiverne, skær hver skive i tre, anret på et fad og server som forret.

Ernæring (pr. 100 g): 187 Kalorier 12,4 g Fedt 4,5 g Kulhydrater 8,2 g Protein 736 mg Natrium

Yoghurt dip

Forberedelsestid: 10 minutter

Madlavningstid: 0 minutter

Portioner: 6

Sværhedsgrad: Let

Ingredienser:

- 2 kopper græsk yoghurt
- 2 spsk pistacienødder, ristede og hakkede
- En knivspids salt og hvid peber
- 2 spsk hakket mynte
- 1 spsk kalamata oliven, udstenede og hakkede
- ¼ kop zaatar krydderier
- ¼ kop granatæblekerner
- 1/3 kop olivenolie

Rutevejledning:

Bland yoghurten med pistacienødderne og resten af ingredienserne, pisk godt, del i små kopper og server med pitachips ved siden af.

Ernæring (pr. 100 g): 294 Kalorier 18g Fedt 2g Kulhydrater 10g Protein 593mg Natrium

Tomatspyd

Forberedelsestid: 10 minutter

Madlavningstid: 10 minutter

Portioner: 6

Sværhedsgrad: Let

Ingredienser:

- 1 baguette, skåret i skiver
- 1/3 kop basilikum, hakket
- 6 tomater, i tern
- 2 fed hvidløg, hakket
- En knivspids salt og sort peber
- 1 tsk olivenolie
- 1 spsk balsamicoeddike
- ½ tsk hvidløgspulver
- Madlavningsspray

Rutevejledning:

Læg baguetteskiver på en bageplade beklædt med bagepapir, smør med madlavningsspray. Bages i 10 minutter ved 400 grader.

Bland tomaterne med basilikum og resten af ingredienserne, bland godt og lad det stå i 10 minutter. Fordel tomatblandingen på hver skive baguette, anret dem alle på en tallerken og server.

Ernæring (pr. 100 g): 162 Kalorier 4g Fedt 29g Kulhydrater 4g Protein 736mg Natrium

Tomater fyldt med oliven og ost

Forberedelsestid: 10 minutter

Madlavningstid: 0 minutter

Portioner: 24

Sværhedsgrad: Let

Ingredienser:

- 24 cherrytomater, toppe skåret af og udhulet
- 2 spsk olivenolie
- tsk rød peberflager
- ½ kop fetaost, smuldret
- 2 spsk sort olivenpasta
- ¼ kop mynte, revet

Rutevejledning:

I en skål blandes olivenmassen med resten af ingredienserne undtagen cherrytomater og piskes godt. Fyld cherrytomaterne med denne blanding, anret dem alle på en tallerken og server som forret.

Ernæring (pr. 100 g): 136 Kalorier 8,6 g Fedt 5,6 g Kulhydrater 5,1 g Protein 648 mg Natrium

Tapenade af peber

Forberedelsestid: 10 minutter

Madlavningstid: 0 minutter

Portioner: 4

Sværhedsgrad: Let

Ingredienser:

- 7 ounces ristede røde peberfrugter, hakket
- ½ kop parmesanost, revet
- 1/3 kop persille, hakket
- 14 ounce artiskokker på dåse, drænet og hakket
- 3 spiseskefulde olivenolie
- ¼ kop kapers, drænet
- 1 og ½ spsk citronsaft
- 2 fed hvidløg, hakket

Rutevejledning:

I din blender kombinerer du de røde peberfrugter med parmesanen og resten af ingredienserne og blander godt. Fordel i kopper og server som snack.

Ernæring (pr. 100 g): 200 kalorier 5,6 g fedt 12,4 g kulhydrater 4,6 g protein 736 mg natrium

koriander falafel

Forberedelsestid: 10 minutter

Madlavningstid: 10 minutter

Portioner: 8

Sværhedsgrad: Let

Ingredienser:

- 1 kop dåse kikærter
- 1 bundt persilleblade
- 1 gult løg, hakket
- 5 fed hvidløg, hakket
- 1 tsk koriander, stødt
- En knivspids salt og sort peber
- ¼ tsk cayennepeber
- ¼ teskefuld bagepulver
- ¼ teskefuld stødt spidskommen
- 1 tsk citronsaft
- 3 spsk tapiokamel
- Olivenolie til stegning

Rutevejledning:

I din foodprocessor kombinerer du bønnerne med persille, løg og resten af ingredienserne undtagen olien og melet og blander godt. Overfør blandingen til en skål, tilsæt melet, bland godt, form 16 kugler med denne blanding og flad dem lidt.

Forvarm gryden til middelhøj varme, tilsæt falaflerne, kog dem i 5 minutter på begge sider, læg køkkenrulle i, dræn det overskydende fedt fra, anbring dem på et fad og server som forret.

Ernæring (pr. 100 g): 122 Kalorier 6,2 g Fedt 12,3 g Kulhydrater 3,1 g Protein 699 mg Natrium

Hummus med rød peber

Forberedelsestid: 10 minutter

Madlavningstid: 0 minutter

Portioner: 6

Sværhedsgrad: Let

Ingredienser:

- 6 ounce ristede røde peberfrugter, skrællet og hakket
- 16 ounce dåse kikærter, drænet og skyllet
- ¼ kop græsk yoghurt
- 3 spsk tahini pasta
- Saft af 1 citron
- 3 fed hvidløg, hakket
- 1 spsk olivenolie
- En knivspids salt og sort peber
- 1 spsk persille, hakket

Rutevejledning:

I din foodprocessor, kom den røde peberfrugt sammen med resten af ingredienserne undtagen olien og persillen og bland godt. Tilsæt olie, puls igen, del i kopper, drys persille på toppen og server som smørepålæg.

Ernæring (pr. 100 g): 255 Kalorier 11,4 g Fedt 17,4 g Kulhydrater 6,5 g Protein 593 mg Natrium

Hvide bønnedip

Forberedelsestid: 10 minutter

Madlavningstid: 0 minutter

Portioner: 4

Sværhedsgrad: Let

Ingredienser:

- 15 ounce hvide bønner på dåse, drænet og skyllet
- 6 ounce artiskokhjerter på dåse, drænet og delt i kvarte
- 4 fed hvidløg, hakket
- 1 spsk basilikum, hakket
- 2 spsk olivenolie
- Saft af ½ citron
- Skal af ½ citron, revet
- Salt og sort peber efter smag

Rutevejledning:

I din foodprocessor kombinerer du bønnerne med artiskokkerne og resten af ingredienserne undtagen olien og blander godt. Tilsæt gradvist olie, bland igen, del i krus og server som en festdip.

Ernæring (pr. 100 g): 27 Kalorier 11,7 g Fedt 18,5 g Kulhydrater 16,5 g Protein 668 mg Natrium

Malet lammehummus

Forberedelsestid: 10 minutter

Madlavningstid: 15 minutter

Portioner: 8

Sværhedsgrad: Let

Ingredienser:

- 10 ounce hummus
- 12 ounce lammekød, hakket
- ½ kop granatæblekerner
- ¼ kop persille, hakket
- 1 spsk olivenolie
- Pitachips til servering

Rutevejledning:

Forvarm stegepanden over medium-høj varme, kog kødet og brun det i 15 minutter, under omrøring ofte. Fordel hummusen på en tallerken, fordel det hakkede lammekød over det hele, fordel også granatæblekerner og persille og server med pitachips som snack.

Ernæring (pr. 100 g): 133 Kalorier 9,7 g Fedt 6,4 g Kulhydrater 5,4 g Protein 659 mg Natrium

Aubergine dip

Forberedelsestid: 10 minutter

Madlavningstid: 40 min

Portioner: 4

Sværhedsgrad: Let

Ingredienser:

- 1 aubergine, prikket med en gaffel
- 2 spiseskefulde tahini pasta
- 2 spsk citronsaft
- 2 fed hvidløg, hakket
- 1 spsk olivenolie
- Salt og sort peber efter smag
- 1 spsk persille, hakket

Rutevejledning:

Læg aubergine i en bradepande, bag ved 400 grader F i 40 minutter, lad afkøle, skræl og overfør til din foodprocessor. Bland resten af ingredienserne undtagen persillen sammen, fordel det i små skåle og server som forret med persillen drysset ovenpå.

Ernæring (pr. 100 g): 121 Kalorier 4,3 g Fedt 1,4 g Kulhydrater 4,3 g Protein 639 mg Natrium

Grøntsagsfritter

Forberedelsestid: 10 minutter

Madlavningstid: 10 minutter

Portioner: 8

Sværhedsgrad: Let

Ingredienser:

- 2 fed hvidløg, hakket
- 2 gule løg, hakket
- 4 grønne løg, hakket
- 2 gulerødder, revet
- 2 tsk spidskommen, stødt
- ½ tsk gurkemejepulver
- Salt og sort peber efter smag
- ¼ teskefuld malet koriander
- 2 spsk hakket persille
- ¼ tsk citronsaft
- ½ kop mandelmel
- 2 rødbeder, skrællet og revet
- 2 æg, pisket
- ¼ kop tapiokamel
- 3 spiseskefulde olivenolie

Rutevejledning:

I en skål blandes hvidløget med løgene, grønne løg og resten af ingredienserne undtagen olien, blandes godt og form mellemstore fritter med denne blanding.

Forvarm stegepanden over medium-høj varme, læg donuts i den, steg i 5 minutter på hver side, anret på en tallerken og server.

Ernæring (pr. 100 g): 209 Kalorier 11,2 g Fedt 4,4 g Kulhydrater 4,8 g Protein 726 mg Natrium

Bulgur lam frikadeller

Forberedelsestid: 10 minutter

Madlavningstid: 15 minutter

Portioner: 6

Sværhedsgrad: Let

Ingredienser:

- 1 og ½ kopper græsk yoghurt
- ½ tsk spidskommen, stødt
- 1 kop agurk, revet
- ½ tsk hvidløg, hakket
- En knivspids salt og sort peber
- 1 kop bulgur
- 2 kopper vand
- 1 pund lam, hakket
- ¼ kop persille, hakket
- ¼ kop skalotteløg, hakket
- ½ tsk allehånde, stødt
- ½ tsk stødt kanel
- 1 spsk olivenolie

Rutevejledning:

Bland bulguren med vandet, dæk skålen, lad den stå i 10 minutter, afdryp og kom den over i en skål. Tilsæt kød, yoghurt og resten af ingredienserne undtagen olien, bland godt og form mellemstore frikadeller af denne blanding. Forvarm panden over middelhøj varme, læg frikadellerne heri, steg dem i 7 minutter på hver side, anret dem alle på en tallerken og server som forret.

Ernæring (pr. 100 g): 300 kalorier 9,6 g Fedt 22,6 g Kulhydrater 6,6 g Protein 644 mg Natrium

Agurkebid

Forberedelsestid: 10 minutter

Madlavningstid: 0 minutter

Portioner: 12

Sværhedsgrad: Let

Ingredienser:

- 1 engelsk agurk, skåret i 32 runder
- 10 ounce hummus
- 16 cherrytomater, halveret
- 1 spsk persille, hakket
- 1 ounce fetaost, smuldret

Rutevejledning:

Fordel hummusen over hver agurkeskive, fordel tomathalvdelene over hver, drys med ost og persille og server som forret.

Ernæring (pr. 100 g): 162 Kalorier 3,4 g Fedt 6,4 g Kulhydrater 2,4 g Protein 702 mg Natrium

Fyldt avokado

Forberedelsestid: 10 minutter

Madlavningstid: 0 minutter

Portioner: 2

Sværhedsgrad: Let

Ingredienser:

- 1 avocado, halveret og udstenet
- 10 ounce tun på dåse, drænet
- 2 spsk soltørrede tomater, hakkede
- 1 spsk og ½ basilikumpesto
- 2 spsk sorte oliven, udstenede og hakkede
- Salt og sort peber efter smag
- 2 tsk pinjekerner, ristet og hakket
- 1 spsk basilikum, hakket

Rutevejledning:

Bland tunen med de soltørrede tomater og resten af ingredienserne undtagen avocadoen og rør rundt. Fyld avocadohalvdelene med tunblandingen og server som forret.

Ernæring (pr. 100 g): 233 Kalorier 9g Fedt 11,4g Kulhydrater 5,6g Protein 735mg Natrium

Emballerede blommer

Forberedelsestid: 5 minutter

Madlavningstid: 0 minutter

Portioner: 8

Sværhedsgrad: Let

Ingredienser:

- 2 ounce prosciutto, skåret i 16 stykker
- 4 blommer i kvarte
- 1 spsk purløg, hakket
- En knivspids rød peberflager, knust

Rutevejledning:

Pak hver blommeskive ind i en skive prosciutto, anret dem alle på en tallerken, drys purløg og chiliflager over og server.

Ernæring (pr. 100 g): 30 kalorier 1g fedt 4g kulhydrater 2g protein 439mg natrium

Feta og marinerede artiskokker

Forberedelsestid: 10 minutter plus 4 timers inaktivitet

Madlavningstid: 10 minutter

Portioner: 2

Sværhedsgrad: Let

Ingredienser:

- 4 ounce traditionel græsk fetaost, skåret i ½-tommers terninger
- 4 ounces drænede artiskokhjerter, delt i kvarte på langs
- 1/3 kop ekstra jomfru olivenolie
- Skal og saft af 1 citron
- 2 spsk grofthakket frisk rosmarin
- 2 spsk grofthakket frisk persille
- ½ tsk sorte peberkorn

Rutevejledning:

Kombiner feta og artiskokhjerter i en glasskål. Tilsæt olivenolie, citronskal og -saft, rosmarin, persille og peberkorn og vend forsigtigt rundt, og pas på ikke at smuldre fetaen.

Chill i 4 timer eller op til 4 dage. Tag ud af køleskabet 30 minutter før servering.

Ernæring (pr. 100 g): 235 Kalorier 23g Fedt 1g Kulhydrater 4g Protein 714mg Natrium

Tun kiks

Forberedelsestid: 40 minutter plus timer til natten over for at afkøle

Madlavningstid: 25 minutter

Portioner: 36

Sværhedsgrad: Svært

Ingredienser:

- 6 spiseskefulde ekstra jomfru olivenolie plus 1 til 2 kopper
- 5 spiseskefulde mandelmel, plus 1 kop, delt
- 1¼ kop tung fløde
- 1 dåse (4 ounce) gulfinnet tun i olivenolie
- 1 spsk hakket rødløg
- 2 tsk hakkede kapers
- ½ tsk tørret dild
- ¼ tsk friskkværnet sort peber
- 2 store æg
- 1 kop panko brødkrummer (eller en glutenfri version)

Rutevejledning:

I en stor stegepande opvarmes 6 spsk olivenolie over medium-lav varme. Tilsæt 5 spsk mandelmel og kog under konstant omrøring, indtil der dannes en glat dej, og melet er let brunet, 2 til 3 minutter.

Vælg varmen til medium-høj og rør gradvist den tunge fløde i, mens du pisk konstant, indtil den er helt glat og tyknet, yderligere 4-5 minutter. Fjern og tilsæt tun, rødløg, kapers, dild og peber.

Overfør blandingen til en 8-tommer firkantet bradepande godt belagt med olivenolie og stil til side ved stuetemperatur. Pakk ind og afkøl i 4 timer eller natten over. For at danne kroketterne skal du arrangere tre skåle. I det ene piskes æggene sammen. I en anden tilsættes det resterende mandelmel. I den tredje tilsættes pankoen. Beklæd en bageplade med bagepapir.

Hæld ca. en spiseskefuld kold tilberedt dej i melblandingen og rul til belægning. Ryst det overskydende af og rul med hænderne til en oval.

Dyp kroketten i det sammenpiskede æg, og beklæd det derefter let med pankoen. Placer på en beklædt bageplade og gentag med den resterende dej.

I en lille gryde opvarmes de resterende 1 til 2 kopper olivenolie over medium-høj varme.

Når olien er opvarmet, bruner du kroketterne 3 eller 4 ad gangen, afhængigt af størrelsen på din pande, og fjern dem med en hulske, når de er gyldenbrune. Du bliver nødt til at justere olietemperaturen fra tid til anden for at forhindre, at den brænder. Bruner kroketterne meget hurtigt, sænk temperaturen.

Ernæring (pr. 100 g): 245 Kalorier 22g Fedt 1g Kulhydrater 6g Protein 801mg Natrium

Røget laks rå grøntsager

Forberedelsestid: 10 minutter

Madlavningstid: 15 minutter

Portioner: 4

Sværhedsgrad: Let

Ingredienser:

- 6 ounce røget vildlaks
- 2 spsk ristet hvidløgsaioli
- 1 spsk dijonsennep
- 1 spsk hakkede grønne løg, kun grønne dele
- 2 tsk hakkede kapers
- ½ tsk tørret dild
- 4 endiviespidser eller romaine-hjerter
- ½ engelsk agurk, skåret i ¼-tommer tykke runder

Rutevejledning:

Hak den røgede laks groft og kom den over i en lille skål. Tilsæt aioli, dijon, grønne løg, kapers og dild og bland godt. Pynt endiviespidserne og agurkeskiverne med en skefuld røget lakseblanding og nyd afkølet.

Ernæring (pr. 100 g): 92 kalorier 5g fedt 1g kulhydrater 9g protein 714mg natrium

Citrusmarinerede oliven

Forberedelsestid: 4 timer

Madlavningstid: 0 minutter

Portioner: 2

Sværhedsgrad: Let

Ingredienser:

- 2 kopper blandede grønne oliven med gruber
- ¼ kop rødvinseddike
- ¼ kop ekstra jomfru olivenolie
- 4 fed hvidløg, finthakket
- Skal og saft af 1 stor appelsin
- 1 tsk rød peberflager
- 2 laurbærblade
- ½ tsk stødt spidskommen
- ½ tsk stødt allehånde

Rutevejledning:

Rør oliven, eddike, olie, hvidløg, appelsinskal og saft, røde peberflager, laurbærblade, spidskommen og allehånde i og bland godt. Forsegl og stil på køl i 4 timer eller op til en uge for at tillade oliven at marinere, omrør igen før servering.

Ernæring (pr. 100 g): 133 Kalorier 14g Fedt 2g Kulhydrater 1g Protein 714mg Natrium

Tapenade af oliven med ansjoser

Forberedelsestid: 1 time og 10 minutter

Madlavningstid: 0 minutter

Portioner: 2

Sværhedsgrad: Medium

Ingredienser:

- 2 kopper udstenede Kalamata oliven eller andre sorte oliven
- 2 ansjosfileter, hakket
- 2 tsk hakkede kapers
- 1 fed hvidløg, finthakket
- 1 kogt æggeblomme
- 1 tsk dijonsennep
- ¼ kop ekstra jomfru olivenolie
- Frøkiks, alsidig rund sandwich eller grøntsager, til servering (valgfrit)

Rutevejledning:

Skyl oliven i koldt vand og dryp dem godt af. I en foodprocessor, blender eller stor krukke (hvis du bruger en stavblender), læg de drænede oliven, ansjoser, kapers, hvidløg, æggeblomme og dijon. Bearbejd indtil det danner en tyk pasta. Mens du kører, hældes olivenolien gradvist i.

Overfør til en lille skål, dæk til og stil på køl i mindst 1 time, så smagen kan udvikle sig. Server med frøkiks, på en alsidig rund sandwich eller med dine yndlings sprøde grøntsager.

Ernæring (pr. 100 g): 179 Kalorier 19g Fedt 2g Kulhydrater 2g Protein 82mg Natrium

Manchego kiks

Forberedelsestid: 1h15

Madlavningstid: 15 minutter

Portioner: 20

Sværhedsgrad: Svært

Ingredienser:

- 4 spsk smør, ved stuetemperatur
- 1 kop fintrevet Manchego ost
- 1 kop mandelmel
- 1 tsk salt, delt
- ¼ tsk friskkværnet sort peber
- 1 stort æg

Rutevejledning:

Brug en elektrisk mixer til at piske smør og revet ost sammen, indtil det er godt blandet og glat. Rør mandelmelet i med ½ tsk salt og peber. Rør gradvist mandelmelblandingen i osten, mens du rører konstant, indtil dejen samles til en kugle.

Læg et stykke pergament eller plastfolie ud og rul det til en cylindrisk træstamme, der er cirka 1 ½ tommer tyk. Forsegl tæt og frys i mindst 1 time. Forvarm ovnen til 350°F. Læg bagepapir eller silikone bagemåtter i 2 bageplader.

For at få ægget til at vaske, piskes ægget og den resterende ½ tsk salt sammen. Skær den afkølede dej i små runder omkring ¼ tomme tykke og læg dem på beklædte bageplader.

Vask toppen af kiks med æg og bag indtil kiksene er gyldenbrune og sprøde. Sæt på en rist til afkøling.

Serveres varm eller, når den er helt afkølet, opbevares den i en lufttæt beholder i køleskabet i op til 1 uge.

Ernæring (pr. 100 g): 243 Kalorier 23g Fedt 1g Kulhydrater 8g Protein 804mg Natrium

Burrata Caprese bunke

Forberedelsestid: 5 minutter

Madlavningstid: 0 minutter

Portioner: 4

Sværhedsgrad: Let

Ingredienser:

- 1 stor økologisk tomat, gerne arvestykke
- ½ tsk salt
- ¼ tsk friskkværnet sort peber
- 1 scoop (4 ounce) burrata ost
- 8 friske basilikumblade, skåret i tynde skiver
- 2 spsk ekstra jomfru olivenolie
- 1 spsk rødvin eller balsamicoeddike

Rutevejledning:

Skær tomaten i 4 tykke skiver, fjern eventuel hård kerne og drys med salt og peber. Læg tomaterne med den krydrede side opad på en tallerken. Skær burrataen i 4 tykke skiver på en separat plade, og læg en skive oven på hver skive tomat. Top hver med en fjerdedel af basilikum og hæld den reserverede burratacreme fra den kantede tallerken ovenpå.

Dryp med olivenolie og eddike og server med en gaffel og kniv.

Ernæring (pr. 100 g): 153 Kalorier 13g Fedt 1g Kulhydrater 7g Protein 633mg Natrium

Zucchini og Ricotta Fritters med Citron Hvidløg Aioli

Forberedelsestid: 10 minutter plus 20 minutters hvile

Madlavningstid: 25 minutter

Portioner: 4

Sværhedsgrad: Svært

Ingredienser:

- 1 stor eller 2 små/mellem zucchini
- 1 tsk salt, delt
- ½ kop sødmælksricotta
- 2 skalotteløg
- 1 stort æg
- 2 fed hvidløg, finthakket
- 2 spsk hakket frisk mynte (valgfrit)
- 2 tsk revet citronskal
- ¼ tsk friskkværnet sort peber
- ½ kop mandelmel
- 1 tsk bagepulver
- 8 spsk ekstra jomfru olivenolie
- 8 spsk ristet hvidløgs-aioli eller avocadoolie-mayonnaise

Rutevejledning:

Læg den revne zucchini i et dørslag eller på flere lag køkkenrulle. Drys med ½ tsk salt og lad det sidde i 10 minutter. Brug et andet lag køkkenrulle til at trykke zucchini for at fjerne overskydende fugt og dup tør. Rør drænet zucchini, ricotta, grønne løg, æg, hvidløg, mynte (hvis du bruger), citronskal, resterende ½ tsk salt og peber i.

Pisk mandelmel og bagepulver sammen. Rør melblandingen i zucchiniblandingen og lad stå i 10 minutter. Brun donuts i en stor stegepande i fire omgange. For hver batch af fire opvarmes 2 spsk olivenolie over medium-høj varme. Tilsæt 1 dynger spiseskefuld zucchinipasta pr. donut, tryk ned med bagsiden af en ske for at danne 2- til 3-tommers donuts. Dæk til og steg i 2 minutter, før den vendes. Steg yderligere 2 til 3 minutter, tildækket, eller indtil de er sprøde, gyldne og gennemstegte. Du skal muligvis reducere varmen til medium for at undgå forbrænding. Fjern fra panden og hold varm.

Gentag for de resterende tre partier, og brug 2 spiseskefulde olivenolie til hver batch. Server donutsene varme med aiolien.

Ernæring (pr. 100 g): 448 Kalorier 42g Fedt 2g Kulhydrater 8g Protein 744mg Natrium

Lakse fyldte agurker

Forberedelsestid: 10 minutter
Madlavningstid: 0 minutter
Portioner: 4
Sværhedsgrad: Let

Ingredienser:

- 2 store agurker, skrællede
- 1 dåse 4 oz sockeye laks
- 1 meget moden medium avocado
- 1 spsk ekstra jomfru olivenolie
- Skal og saft af 1 lime
- 3 spsk hakket frisk koriander
- ½ tsk salt
- ¼ tsk friskkværnet sort peber

Rutevejledning:

Skær agurken i 1-tommer tykke segmenter, og brug en ske, skrab frøene ud fra midten af hvert segment og læg dem på en tallerken. Kombiner laks, avocado, olivenolie, limeskal og -saft, koriander, salt og peber i en mellemstor skål, og bland indtil cremet.

Hæld lakseblandingen ind i midten af hvert agurkesegment og server afkølet.

Ernæring (pr. 100 g): 159 Kalorier 11g Fedt 3g Kulhydrater 9g Protein 739mg Natrium

Gedeost og makrelpostej

Forberedelsestid: 10 minutter

Madlavningstid: 0 minutter

Portioner: 4

Sværhedsgrad: Let

Ingredienser:

- 4 ounce vild makrel pakket i olivenolie
- 2 ounce gedeost
- Skal og saft af 1 citron
- 2 spsk hakket frisk persille
- 2 spsk hakket frisk rucola
- 1 spsk ekstra jomfru olivenolie
- 2 tsk hakkede kapers
- 1-2 tsk frisk peberrod (valgfrit)
- Kiks, agurkeskiver, endivie eller selleri, til servering (valgfrit)

Rutevejledning:

Kombiner makrel, gedeost, citronskal og -saft, persille, rucola, olivenolie, kapers og peberrod (hvis du bruger det) i en foodprocessor, blender eller en stor skål med en stavblender. Bearbejd eller blend indtil glat og cremet.

Server med kiks, agurkeskiver, endiviespirer eller selleri. Forsegl tildækket i køleskab i op til 1 uge.

Ernæring (pr. 100 g): 118 Kalorier 8g Fedt 6g Kulhydrater 9g Protein 639mg Natrium

Smag af middelhavsfedtbomber

Forberedelsestid: 4 timer og 15 minutter

Madlavningstid: 0 minutter

Portioner: 6

Sværhedsgrad: Medium

Ingredienser:

- 1 kop smuldret gedeost
- 4 spsk krukkepesto
- 12 udstenede Kalamata oliven, finthakket
- ½ kop finthakkede valnødder
- 1 spsk hakket frisk rosmarin

Rutevejledning:

I en mellemstor skål piskes gedeost, pesto og oliven sammen og blandes godt med en gaffel. Frys i 4 timer for at hærde.

Med dine hænder laver du blandingen til 6 kugler på ca. ¾ tomme i diameter. Blandingen vil være klistret.

I en lille skål, læg valnødderne og rosmarinen og rul gedeostkuglerne i nøddeblandingen for at dække dem. Opbevar Fat Bombs i køleskabet i op til 1 uge eller i fryseren i op til 1 måned.

Ernæring (pr. 100 g): 166 kalorier 15 g fedt 1 g kulhydrater 5 g protein 736 mg natrium

Avocado Gazpacho

Forberedelsestid: 15 minutter

Madlavningstid: 10 minutter

Portioner: 4

Sværhedsgrad: Let

Ingredienser:

- 2 kopper hakkede tomater
- 2 store modne avocadoer, halveret og udstenet
- 1 stor agurk, skrællet og kernet
- 1 mellemstor peberfrugt (rød, orange eller gul), hakket
- 1 kop almindelig sødmælk græsk yoghurt
- ¼ kop ekstra jomfru olivenolie
- ¼ kop hakket frisk koriander
- ¼ kop hakkede grønne løg, kun den grønne del
- 2 spsk rødvinseddike
- Saft af 2 lime eller 1 citron
- ½ til 1 tsk salt
- ¼ tsk friskkværnet sort peber

Rutevejledning:

Brug en stavblender til at kombinere tomater, avocadoer, agurk, peberfrugt, yoghurt, olivenolie, koriander, grønne løg, eddike og limesaft. Blend indtil glat.

Smag til og bland for at kombinere smagene. Serveres koldt.

Ernæring (pr. 100 g): 392 Kalorier 32g Fedt 9g Kulhydrater 6g Protein 694mg Natrium

Krabbe salat kopper

Forberedelsestid: 35 minutter

Madlavningstid: 20 minutter

Portioner: 4

Sværhedsgrad: Medium

Ingredienser:

- 1 pund jumbokrabbe i stykker
- 1 stort æg
- 6 spsk ristet hvidløgsaioli
- 2 spsk dijonsennep
- ½ kop mandelmel
- ¼ kop hakket rødløg
- 2 tsk røget paprika
- 1 tsk sellerisalt
- 1 tsk hvidløgspulver
- 1 tsk tørret dild (valgfrit)
- ½ tsk friskkværnet sort peber
- ¼ kop ekstra jomfru olivenolie
- 4 store Bibb-salatblade, tyk ryg fjernet

Rutevejledning:

Læg krabbekødet i en stor skål og fjern eventuelle synlige skaller, og adskil derefter kødet med en gaffel. I en lille skål piskes ægget, 2 spsk aioli og dijonsennep sammen. Tilsæt til krabbekød og rør med en gaffel. Tilsæt mandelmel, rødløg, paprika, sellerisalt, hvidløgspulver, dild (hvis du bruger) og peber og bland godt. Lad stå ved stuetemperatur i 10-15 minutter.

Form 8 små kager på ca. 2 cm i diameter. Kog olivenolien over medium-høj varme. Steg kagerne, indtil de er gyldenbrune, 2-3 minutter på hver side. Pakk ind, reducer varmen til lav og kog 6-8 minutter længere, eller indtil midten er indstillet. Fjern fra stegepanden.

Til servering skal du pakke 2 små krabbekager ind i hvert salatblad og pynte med 1 spsk aioli.

Ernæring (pr. 100 g): 344 Kalorier 24g Fedt 2g Kulhydrater 24g Protein 804mg Natrium

Orange Estragon Kylling Salat Wrap

Forberedelsestid: 15 minutter

Madlavningstid: 0 minutter

Portioner: 4

Sværhedsgrad: Let

Ingredienser:

- ½ kop almindelig sødmælk græsk yoghurt
- 2 spsk dijonsennep
- 2 spsk ekstra jomfru olivenolie
- 2 spsk frisk estragon
- ½ tsk salt
- ¼ tsk friskkværnet sort peber
- 2 kopper kogt strimlet kylling
- ½ kop skivede mandler
- 4-8 store Bibb-salatblade, sej stilk fjernet
- 2 små modne avocadoer, skrællet og skåret i tynde skiver
- Skal af 1 clementin eller ½ lille appelsin (ca. 1 spsk)

Rutevejledning:

I en mellemstor skål kombineres yoghurt, sennep, olivenolie, estragon, appelsinskal, salt og peber og piskes til cremet. Tilsæt strimlet kylling og mandler og vend til belægning.

For at samle wrapsene skal du placere cirka ½ kop kyllingesalatblanding i midten af hvert salatblad og toppe med skiver af avocado.

Ernæring (pr. 100 g): 440 Kalorier 32g l Fedt 8g Kulhydrater 26g Protein 607mg Natrium

Svampe fyldt med feta og quinoa

Forberedelsestid: 5 minutter

Madlavningstid: 8 min

Portioner: 6

Sværhedsgrad: Medium

Ingredienser:

- 2 spsk rød peber i tern
- 1 fed hvidløg, hakket
- ¼ kop kogt quinoa
- 1/8 tsk salt
- ¼ tsk tørret oregano
- 24 knapsvampe, opstammet
- 2 ounce smuldret feta
- 3 spsk fuldkornsbrødkrummer
- Olivenolie madlavningsspray

Rutevejledning:

Forvarm airfryer til 360°F. I en lille skål kombineres peberfrugt, hvidløg, quinoa, salt og oregano. Hæld quinoafyldet i svampehætter, indtil det lige er fyldt. Læg et lille stykke feta på toppen af hver svamp. Drys en knivspids rasp over fetaen på hver svamp.

Top friturekurven med olivenolie madlavningsspray, og læg derefter forsigtigt svampene i kurven, og sørg for, at de ikke rører hinanden.

Læg kurven i airfryeren og bag i 8 minutter. Fjern fra frituregryden og server.

Ernæring (pr. 100 g): 97 kalorier 4 g fedt 11 g kulhydrater 7 g protein 677 mg natrium

Fem ingrediens falafel med hvidløgyoghurtsauce

Forberedelsestid: 5 minutter

Madlavningstid: 15 minutter

Portioner: 4

Sværhedsgrad: Svært

Ingredienser:

- <u>Til falaflen</u>
- 1 dåse (15 ounce) kikærter, drænet og skyllet
- ½ kop frisk persille
- 2 fed hvidløg, hakket
- ½ spsk stødt spidskommen
- 1 spsk fuldkornshvedemel
- Salt
- <u>Til hvidløg-yoghurtsaucen</u>
- 1 kop almindelig fedtfri græsk yoghurt
- 1 fed hvidløg, hakket
- 1 spsk hakket frisk dild
- 2 spsk citronsaft

Rutevejledning:

At lave falaflen

Forvarm airfryer til 360°F. Kom kikærterne i en foodprocessor. Puls indtil det meste er hakket, tilsæt derefter persille, hvidløg og spidskommen og pulsér i et par minutter mere, indtil ingredienserne bliver til en pasta.

Tilsæt melet. Puls et par gange mere indtil kombineret. Dejen får noget tekstur, men kikærterne skal pulseres i små stykker. Brug rene hænder til at rulle dejen til 8 lige store kugler, og dup kuglerne lidt ned, så de er ca. ½ tykke skiver.

Beklæd airfryer-kurven med olivenolie-spray, og læg derefter falafelkafferne i kurven i et enkelt lag, og sørg for, at de ikke rører ved hinanden. Steg i airfryeren i 15 minutter.

For at lave hvidløg-yoghurt sauce

Bland yoghurt, hvidløg, dild og citronsaft. Når falaflerne er kogt og godt brunet på alle sider, tages de ud af frituregryden og smages til med salt. Serveres varm sammen med dippen.

Ernæring (pr. 100 g): 151 Kalorier 2g Fedt 10g Kulhydrater 12g Protein 698mg Natrium

Citronrejer med hvidløg olivenolie

Forberedelsestid: 5 minutter

Madlavningstid: 6 min

Portioner: 4

Sværhedsgrad: Medium

Ingredienser:

- 1 pund mellemstore rejer, renset og afveget
- ¼ kop plus 2 spsk olivenolie, delt
- Saft af ½ citron
- 3 fed hvidløg, hakket og delt
- ½ tsk salt
- tsk rød peberflager
- Citronbåde, til servering (valgfrit)
- Marinara sauce, til dypning (valgfrit)

Rutevejledning:

Forvarm airfryer til 380°F. Vend rejerne med 2 spiseskefulde olivenolie, citronsaft, 1/3 hakket hvidløg, salt og rød peberflager og overtræk godt.

I en lille ramekin kombineres den resterende ¼ kop olivenolie og det resterende hakkede hvidløg. Riv et 12 x 12-tommer ark aluminiumsfolie. Placer rejerne i midten af folien, fold derefter siderne over og krymp kanterne for at danne en folieskål med åben top. Læg denne pakke i luftfriturerens kurv.

Rist rejerne i 4 minutter, åbn derefter frituregryden og læg ramekinen med olie og hvidløg i kurven ved siden af pakken med rejer. Kog yderligere 2 minutter. Overfør rejerne til et serveringsfad eller et fad med ramekin hvidløg olivenolie på siden til dypning. Du kan også servere med citronbåde og marinara sauce, hvis det ønskes.

Ernæring (pr. 100 g): 264 Kalorier 21g Fedt 10g Kulhydrater 16g Protein 473mg Natrium

Sprøde grønne bønnefrites med citron-yoghurtsauce

Forberedelsestid: 5 minutter

Madlavningstid: 5 minutter

Portioner: 4

Sværhedsgrad: Medium

Ingredienser:

- <u>Til de grønne bønner</u>
- 1 æg
- 2 spsk vand
- 1 spsk fuldkornshvedemel
- teskefuld paprika
- ½ tsk hvidløgspulver
- ½ tsk salt
- ¼ kop fuldkornsbrødkrummer
- ½ pund hele grønne bønner
- <u>Til citron-yoghurtsaucen</u>
- ½ kop almindelig fedtfri græsk yoghurt
- 1 spsk citronsaft
- ¼ tsk salt
- 1/8 tsk cayennepeber

Retning:

At lave de grønne bønner

Forvarm airfryer til 380°F.

I en mellemstor lav skål kombineres æg og vand, indtil det er skummende. Pisk mel, paprika, hvidløgspulver og salt i en separat medium, lav skål, og rør derefter brødkrummerne i.

Beklæd bunden af airfryeren med madlavningsspray. Dyp hver grønne bønne i æggeblandingen og derefter i brødkrummeblandingen, og beklæd ydersiden med rasp. Læg de grønne bønner i et enkelt lag i bunden af airfryer-kurven.

Steg i airfryeren i 5 minutter eller indtil paneringen er gyldenbrun.

For at lave citron-yoghurtsaucen

Rør yoghurt, citronsaft, salt og cayennepeber i. Server de grønne bønnefrites med citron-yoghurtsaucen som snack eller forret.

Ernæring (pr. 100 g): 88 Kalorier 2g Fedt 10g Kulhydrater 7g Protein 697mg Natrium

Hjemmelavede havsalt pita chips

Forberedelsestid: 2 minutter

Madlavningstid: 8 min

Portioner: 2

Sværhedsgrad: Let

Ingredienser:

- 2 fuldkorns pitaer
- 1 spsk olivenolie
- ½ tsk kosher salt

retninger

Forvarm airfryer til 360°F. Skær hver pita i 8 skiver. I en mellemstor skål, smid pitabloderne, olivenolie og salt, indtil skiverne er dækket, og olivenolien og saltet er jævnt fordelt.

Læg pitabletterne i airfryer-kurven i et jævnt lag og steg i 6-8 minutter.

Smag til med yderligere salt, hvis det ønskes. Server alene eller med en yndlingsdip.

Ernæring (pr. 100 g): 230 kalorier 8 g fedt 11 g kulhydrater 6 g protein 810 mg natrium

Bagt Spanakopita Dip

Forberedelsestid: 10 minutter

Madlavningstid: 15 minutter

Portioner: 2

Sværhedsgrad: Medium

Ingredienser:

- Olivenolie madlavningsspray
- 3 spsk olivenolie, delt
- 2 spsk hakket hvidløg
- 2 fed hvidløg, hakket
- 4 kopper frisk spinat
- 4 ounce flødeost, blødgjort
- 4 ounces fetaost, delt
- Skal af 1 citron
- ¼ tsk stødt muskatnød
- 1 tsk tørret dild
- ½ tsk salt
- Pitachips, gulerodsstænger eller skiveskåret brød til servering (valgfrit)

Rutevejledning:

Forvarm airfryer til 360°F. Beklæd indersiden af en 6-tommers ramekin eller bageplade med olivenolie madlavningsspray.

Opvarm 1 spsk olivenolie i en stor stegepande over medium varme. Tilsæt løget, og steg derefter i 1 minut. Tilsæt hvidløg og kog under omrøring i yderligere 1 minut.

Skru ned for varmen og bland spinat og vand. Kog indtil spinaten er visnet. Fjern stegepanden fra varmen. Pisk flødeost, 2 ounce feta og resterende olivenolie, citronskal, muskatnød, dild og salt i en mellemstor skål. Bland indtil lige kombineret.

Tilføj grøntsagerne til ostebunden og rør, indtil de er blandet. Hæld dipblandingen i den forberedte ramekin og top med de resterende 2 ounces fetaost.

Læg dippen i friturekurven og kog i 10 minutter, eller indtil den er varm og boblende. Server med pitachips, gulerodsstænger eller skiveskåret brød.

Ernæring (pr. 100 g): 550 kalorier 52 g fedt 21 g kulhydrater 14 g protein 723 mg natrium

Ristet perleløg dip

Forberedelsestid: 5 minutter

Madlavningstid: 12 minutter plus 1 time til afkøling

Portioner: 4

Sværhedsgrad: Medium

Ingredienser:

- 2 kopper pillede perleløg
- 3 fed hvidløg
- 3 spsk olivenolie, delt
- ½ tsk salt
- 1 kop almindelig fedtfri græsk yoghurt
- 1 spsk citronsaft
- ¼ tsk sort peber
- 1/8 tsk rød peberflager
- Pitachips, grøntsager eller toast til servering (valgfrit)

Rutevejledning:

Forvarm airfryer til 360°F. I en stor skål, smid perleløg og hvidløg med 2 spsk olivenolie, indtil løgene er godt belagt.

Hæld hvidløgs- og løgblandingen i airfryer-kurven og steg i 12 minutter. Kom hvidløg og løg i en foodprocessor. Puls grøntsagerne flere gange, indtil løgene er skåret i tynde skiver, men stadig har bidder.

Tilsæt hvidløg og løg og den resterende spiseskefuld olivenolie sammen med salt, yoghurt, citronsaft, sort peber og rød peberflager. Stil på køl i 1 time inden servering med pitachips, grøntsager eller toast.

Ernæring (pr. 100 g): 150 kalorier 10 g fedt 6 g kulhydrater 7 g protein 693 mg natrium

Tapenade af rød peberfrugt

Forberedelsestid: 5 minutter

Madlavningstid: 5 minutter

Portioner: 4

Sværhedsgrad: Medium

Ingredienser:

- 1 stor rød peberfrugt
- 2 spsk + 1 tsk olivenolie
- ½ kop Kalamata oliven, udstenede og groft hakket
- 1 fed hvidløg, hakket
- ½ tsk tørret oregano
- 1 spsk citronsaft

Rutevejledning:

Forvarm airfryer til 380°F. Pensl ydersiden af en hel rød peberfrugt med 1 tsk olivenolie og læg den i friturekurven. Steg 5 minutter. I mellemtiden røres de resterende 2 spsk olivenolie i en mellemstor skål med oliven, hvidløg, oregano og citronsaft.

Fjern den røde peber fra airfryeren, skær derefter forsigtigt stilken og skrab frøene ud. Hak den ristede peber i små stykker.

Tilsæt den røde peber til olivenblandingen og bland det hele sammen, indtil det er godt blandet. Server med pita-chips, kiks eller sprødt brød.

Ernæring (pr. 100 g):104 kalorier 10 g fedt 9 g kulhydrater 1 g protein 644 mg natrium

Græske kartoffelskind med oliven og feta

Forberedelsestid: 5 minutter

Madlavningstid: 45 minutter

Portioner: 4

Sværhedsgrad: Svært

Ingredienser:

- 2 rødbrune kartofler
- 3 spiseskefulde olivenolie
- 1 tsk kosher salt, delt
- ¼ tsk sort peber
- 2 spsk frisk koriander
- ¼ kop Kalamata oliven, skåret i tern
- ¼ kop smuldret feta
- Hakket frisk persille, til pynt (valgfrit)

Rutevejledning:

Forvarm airfryer til 380°F. Brug en gaffel til at stikke 2-3 huller i kartoflerne, og beklæd dem derefter med ca. ½ spsk olivenolie og ½ tsk salt.

Læg kartoflerne i airfryer-kurven og bag dem i 30 minutter. Tag kartoflerne ud af frituregryden og skær dem i halve. Skrab kødet fra kartoflerne med en ske, efterlad et ½ tomme lag kartoffel inde i skindet, og sæt skindet til side.

I en mellemstor skål, smid de udhulede kartoffelhjerter med de resterende 2 spsk olivenolie, ½ tsk salt, sort peber og koriander. Bland indtil godt blandet. Fordel kartoffelfyldet i de nu tomme kartoffelskind, og fordel det jævnt over dem. Top hver kartoffel med en spiseskefuld oliven og feta.

Sæt de fyldte kartoffelskind tilbage i airfryeren og kog i 15 minutter. Server med hakket koriander eller persille og et skvæt olivenolie, hvis det ønskes.

Ernæring (pr. 100 g): 270 kalorier 13 g fedt 34 g kulhydrater 5 g protein 672 mg natrium

Pita fladbrød med artiskokker og oliven

Forberedelsestid: 5 minutter

Madlavningstid: 10 minutter

Portioner: 4

Sværhedsgrad: Let

Ingredienser:

- 2 fuldkorns pitaer
- 2 spsk olivenolie, delt
- 2 fed hvidløg, hakket
- ¼ tsk salt
- ½ kop artiskokhjerter på dåse, skåret i skiver
- ¼ kop Kalamata oliven
- ¼ kop revet parmesan
- ¼ kop smuldret feta
- Hakket frisk persille, til pynt (valgfrit)

Rutevejledning:

Forvarm airfryer til 380°F. Pensl hver pita med 1 spsk olivenolie, og drys derefter hakket hvidløg og salt ovenpå.

Fordel artiskokhjerter, oliven og oste jævnt mellem de to pitaer og læg begge i airfryeren for at koge i 10 minutter. Fjern pitaerne og skær dem i 4 stykker hver inden servering. Drys persille på toppen, hvis det ønskes.

Ernæring (pr. 100 g): 243 Kalorier 15g Fedt 10g Kulhydrater 7g Protein 644mg Natrium

Fiesta kyllingesalat

Forberedelsestid: 20 minutter

Madlavningstid: 20 minutter

Portioner: 4

Sværhedsgrad: Let

Ingredienser:

- 2 halvdele af skind, udbenet kyllingefilet
- 1 pakke fajita-urter, delt
- 1 spiseskefuld vegetabilsk olie
- 1 dåse sorte bønner, skyllet og drænet
- 1 dåse mexicansk majs
- 1/2 kop salsa
- 1 pose grøn salat
- 1 løg, hakket
- 1 tomat i kvarte

Rutevejledning:

Gnid kyllingen jævnt med halvdelen af fajita-urterne. Varm olie i stegepande over medium varme og kog kylling i 8 minutter side om side, eller indtil saft løber klar; lægge til side. Kom bønner, majs, salsa og andre 1/2 fajita krydderi i en stor gryde. Varm op ved middel varme, indtil den er lun. Tilbered salaten ved at blande grønne grøntsager, løg og tomat. Dæk kyllingesalaten til og krydr bønne- og majsblandingen.

Ernæring (pr. 100 g): 311 kalorier 6,4 g fedt 42,2 g kulhydrater 23 g protein 853 mg natrium

Majs og sorte bønnesalat

Forberedelsestid: 10 minutter

Madlavningstid: 0 minutter

Portioner: 4

Sværhedsgrad: Let

Ingredienser:

- 2 spiseskefulde vegetabilsk olie
- 1/4 kop balsamicoeddike
- 1/2 tsk salt
- 1/2 tsk hvidt sukker
- 1/2 tsk stødt spidskommen
- 1/2 tsk stødt sort peber
- 1/2 tsk chilipulver
- 3 spsk hakket frisk koriander
- 1 dåse sorte bønner (15 oz)
- 1 dåse sukkermajs (8,75 oz), drænet

Rutevejledning:

Kom balsamicoeddike, olie, salt, sukker, sort peber, spidskommen og chilipulver i en lille skål. Kombiner sorte majs og bønner i en mellemstor skål. Vend med eddike og vinaigretteolie og pynt med koriander. Dæk til og stil på køl natten over.

Ernæring (pr. 100 g): 214 kalorier 8,4 g fedt 28,6 g kulhydrater 7,5 g protein 415 mg natrium

Fantastisk pastasalat

Forberedelsestid: 30 minutter

Madlavningstid: 10 minutter

Portioner: 16

Sværhedsgrad: Medium

Ingredienser:

- 1 pakke fusilli pasta (16 oz)
- 3 kopper cherrytomater
- 1/2 pund provolone, skåret i tern
- 1/2 pund pølse i tern
- 1/4 pund pepperoni, halveret
- 1 stor grøn peberfrugt
- 1 dåse sorte oliven, drænet
- 1 krukke chili, drænet
- 1 flaske (8 oz) italiensk dressing

Rutevejledning:

Kog letsaltet vand op i en gryde. Rør pastaen i og kog i cirka 8 til 10 minutter eller indtil al dente. Dræn og skyl med koldt vand.

Kombiner pasta med tomater, ost, salami, pepperoni, grøn peber, oliven og peberfrugt i en stor skål. Hæld vinaigretten i og bland godt.

Ernæring (pr. 100 g): 310 kalorier 17,7 g fedt 25,9 g kulhydrater 12,9 g protein 746 mg natrium

Tun salat

Forberedelsestid: 20 minutter

Madlavningstid: 0 minutter

Portioner: 4

Sværhedsgrad: Let

Ingredienser:

- 1 dåse (19 ounce) kikærter
- 2 spsk mayonnaise
- 2 tsk krydret brun sennep
- 1 spsk sød pickle
- Salt og peber efter smag
- 2 hakkede grønne løg

Rutevejledning:

Kombiner grønne bønner, mayonnaise, sennep, sauce, hakkede grønne løg, salt og peber i en mellemstor skål. Bland godt.

Ernæring (pr. 100 g): 220 kalorier 7,2 g fedt 32,7 g kulhydrater 7 g protein 478 mg natrium

Sydlig kartoffelsalat

Forberedelsestid: 15 minutter

Madlavningstid: 15 minutter

Portioner: 4

Sværhedsgrad: Medium

Ingredienser:

- 4 kartofler
- 4 æg
- 1/2 bladselleri, finthakket
- 1/4 kop sød smag
- 1 hakket fed hvidløg
- 2 spiseskefulde sennep
- 1/2 kop mayonnaise
- salt og peber efter smag

Rutevejledning:

Kog vand i en gryde, tilsæt derefter kartoflerne og kog indtil de er møre, men stadig faste, ca. 15 minutter; dræn og hak. Kom æggene over i en gryde og dæk med koldt vand.

Kog vand; dæk, fjern fra varmen og læg æg i blød i varmt vand i 10 minutter. Fjern derefter skræl og hak.

Kom kartofler, æg, selleri, sød sauce, hvidløg, sennep, mayonnaise, salt og peber i en stor skål. Bland og server varm.

Ernæring (pr. 100 g): 460 kalorier 27,4 g fedt 44,6 g kulhydrater 11,3 g protein 214 mg natrium

Syv lags salat

Forberedelsestid: 15 minutter

Madlavningstid: 5 minutter

Portioner: 10

Sværhedsgrad: Medium

Ingredienser:

- 1 pund bacon
- 1 hoved icebergsalat
- 1 rødløg, hakket
- 1 pakke med 10 frosne ærter, optøet
- 10 ounce revet cheddarost
- 1 kop hakket blomkål
- 1 1/4 kop mayonnaise
- 2 spsk hvidt sukker
- 2/3 kop revet parmesan

Rutevejledning:

Kom baconen i en stor lav pande. Kog over medium varme indtil glat. Smuldr og reserver. Læg den hakkede salat i en stor skål og top med et lag løg, ærter, revet ost, blomkål og bacon.

Tilbered vinaigretten ved at blande mayonnaise, sukker og parmesan. Hæld salaten over og lad den køle af.

Ernæring (pr. 100 g): 387 kalorier 32,7 g fedt 9,9 g kulhydrater 14,5 g protein 609 mg natrium

Grønkål, Quinoa og avocadosalat med citron-dijondressing

Forberedelsestid: 5 minutter

Madlavningstid: 25 minutter

Portioner: 4

Sværhedsgrad: Svært

Ingredienser:

- 2/3 kop quinoa
- 1 1/3 kop vand
- 1 bundt grønkål, revet i mundrette stykker
- 1/2 avocado - skrællet, skåret i tern og udstenet
- 1/2 kop hakket agurk
- 1/3 kop hakket rød peber
- 2 spsk hakket rødløg
- 1 spsk smuldret fetaost

Rutevejledning:

Kog quinoa og 1 1/3 dl vand i en gryde. Juster varmen og lad det simre, indtil quinoaen er mør, og vandet er absorberet, cirka 15 til 20 minutter. Bog cool.

Læg kålen i en dampkurv over mere end en tomme kogende vand i en gryde. Luk gryden med låg og damp til den er varm, cirka 45 sekunder; overfør til en stor tallerken. Top med kål, quinoa, avocado, agurk, peberfrugt, rødløg og fetaost.

Kom olivenolie, citronsaft, dijonsennep, havsalt og sort peber i en skål, indtil olien er emulgeret i dressingen; hældes over salaten.

Ernæring (pr. 100 g): 342 kalorier 20,3 g fedt 35,4 g kulhydrater 8,9 g protein 705 mg natrium

Kyllingesalat

Forberedelsestid: 20 minutter

Madlavningstid: 0 minutter

Portioner: 9

Sværhedsgrad: Let

Ingredienser:

- 1/2 kop mayonnaise
- 1/2 tsk salt
- 3/4 tsk fjerkræurter
- 1 spsk citronsaft
- 3 kopper kogt kyllingebryst, skåret i tern
- 1/4 tsk stødt sort peber
- 1/4 tsk hvidløgspulver
- 1/4 tsk løgpulver
- 1/2 kop finthakket selleri
- 1 dåse (8 oz) vandkastanjer, drænet og hakket
- 1/2 kop hakkede grønne løg
- 1 1/2 kop grønne druer, halveret
- 1 1/2 kopper schweizerost i tern

Rutevejledning:

Kombiner mayonnaise, salt, kyllingekrydderi, løgpulver, hvidløgspulver, peber og citronsaft i en mellemstor skål. Kombiner kylling, selleri, grønne løg, vandkastanjer, schweizerost og rosiner i en stor skål. Rør mayonnaiseblandingen i og overtræk. Chill indtil klar til servering.

Ernæring (pr. 100 g): 293 kalorier 19,5 g fedt 10,3 g kulhydrater 19,4 g protein 454 mg natrium

Cobb salat

Forberedelsestid: 5 minutter

Madlavningstid: 15 minutter

Portioner: 6

Sværhedsgrad: Svært

Ingredienser:

- 6 skiver bacon
- 3 æg
- 1 kop icebergsalat, strimlet
- 3 kopper kogt hakket kyllingekød
- 2 tomater, udsået og hakket
- 3/4 kop blåskimmelost, smuldret
- 1 avocado - skrællet, udstenet og skåret i tern
- 3 grønne løg, hakket
- 1 flaske (8 oz) ranchdressing

Rutevejledning:

Læg æggene i en gryde og udblød dem helt med koldt vand. Kog vand. Dæk til og tag af varmen og lad æggene sidde i det varme vand i 10-12 minutter. Fjern fra varmt vand, lad afkøle, skræl og hak. Læg baconen i en stor dyb pande. Kog over medium varme indtil glat. Læg til side.

Fordel den strimlede salat på separate tallerkener. Fordel kylling, æg, tomater, blåskimmelost, bacon, avocado og grønne løg i rækker over salat. Drys med din yndlingsdressing og nyd.

Ernæring (pr. 100 g): 525 kalorier 39,9 g fedt 10,2 g kulhydrater 31,7 g protein 701 mg natrium

Broccolisalat

Forberedelsestid: 10 minutter

Madlavningstid: 15 minutter

Portioner: 6

Sværhedsgrad: Medium

Ingredienser:

- 10 skiver bacon
- 1 kop frisk broccoli
- ¼ kop rødløg, hakket
- ½ kop rosiner
- 3 spsk hvidvinseddike
- 2 spsk hvidt sukker
- 1 kop mayonnaise
- 1 kop solsikkekerner

Rutevejledning:

Steg baconen i en stegepande ved middel varme. Dræn, smuldr og stil til side. Kom broccoli, løg og rosiner i en mellemstor skål. Kombiner eddike, sukker og mayonnaise i en lille skål. Hæld broccoliblandingen over og bland. Afkøl i mindst to timer.

Inden servering smuldres salaten med smuldret bacon og solsikkekerner.

Ernæring (pr. 100 g): 559 kalorier 48,1 g fedt 31 g kulhydrat 18 g protein 584 mg natrium

Jordbærspinatsalat

Forberedelsestid: 10 minutter

Madlavningstid: 0 minutter

Portioner: 4

Sværhedsgrad: Let

Ingredienser:

- 2 spsk sesamfrø
- 1 spsk valmuefrø
- 1/2 kop hvidt sukker
- 1/2 kop olivenolie
- 1/4 kop destilleret hvid eddike
- 1/4 tsk paprika
- 1/4 tsk Worcestershire sauce
- 1 spsk hakket løg
- 10 ounce frisk spinat
- 1 liter jordbær - renset, skrællet og skåret i skiver
- 1/4 kop mandler, blancheret og skåret i skiver

Rutevejledning:

I en mellemstor skål piskes de samme frø, valmuefrø, sukker, olivenolie, eddike, paprika, Worcestershiresauce og løg sammen. Dæk til og stil på køl i en time.

I en stor skål røres spinat, jordbær og mandler i. Hæld dressingen over salaten og vend rundt. Stil på køl 10 til 15 minutter før servering.

Ernæring (pr. 100 g): 491 kalorier 35,2 g fedt 42,9 g kulhydrater 6 g protein 691 mg natrium

Pæresalat med Roquefort

Forberedelsestid: 20 minutter

Madlavningstid: 10 minutter

Portioner: 2

Sværhedsgrad: Medium

Ingredienser:

- 1 salatblad, revet i mundrette stykker
- 3 pærer - skrællede, udkernede og skåret i tern
- 5 ounce Roquefort ost, smuldret
- 1 avocado – skrællet, udsået og skåret i tern
- 1/2 kop hakkede grønne løg
- 1/4 kop hvidt sukker
- 1/2 kop pekannødder
- 1/3 kop olivenolie
- 3 spsk rødvinseddike
- 1 1/2 tsk hvidt sukker
- 1 1/2 tsk tilberedt sennep
- 1/2 tsk saltet sort peber
- 1 fed hvidløg

Rutevejledning:

Rør 1/4 kop sukker med pekannødderne i en gryde ved middel varme. Bliv ved med at røre forsigtigt, indtil sukkeret karamelliserer med pekannødderne. Overfør forsigtigt nødderne til vokset papir. Lad det køle af og bræk i stykker.

Bland til dressingolie, marinade, 1 1/2 tsk sukker, sennep, hakket hvidløg, salt og peber.

I en dyb skål kombineres salat, pærer, blåskimmelost, avocado og grønne løg. Dryp dressingen over salaten, drys med pekannødder og server.

Ernæring (pr. 100 g): 426 kalorier 31,6 g fedt 33,1 g kulhydrater 8 g protein 481 mg natrium

mexicansk bønnesalat

Forberedelsestid: 15 minutter

Madlavningstid: 0 minutter

Portioner: 6

Sværhedsgrad: Let

Ingredienser:

- 1 dåse sorte bønner (15 oz), drænet
- 1 dåse kidneybønner (15 oz), drænet
- 1 dåse hvide bønner (15 oz), drænet
- 1 grøn peberfrugt, hakket
- 1 rød peberfrugt, hakket
- 1 pakke frosne majskerner
- 1 rødløg, hakket
- 2 spsk frisk limesaft
- 1/2 kop olivenolie
- 1/2 kop rødvinseddike
- 1 spsk citronsaft
- 1 spsk salt
- 2 spsk hvidt sukker
- 1 knust fed hvidløg
- 1/4 kop hakket koriander
- 1/2 spsk stødt spidskommen
- 1/2 spsk stødt sort peber
- 1 skvæt varm pebersauce

- 1/2 tsk chilipulver

Rutevejledning:

Kom bønner, peberfrugt, frosne majs og rødløg i en stor skål. Kom olivenolie, limesaft, rødvinseddike, citronsaft, sukker, salt, hvidløg, koriander, spidskommen og sort peber i en lille skål - smag til med varm sauce og chilipulver.

Dryp olivenolie vinaigrette over grøntsager; bland godt. Afkøl godt og server koldt.

Ernæring (pr. 100 g): 334 kalorier 14,8 g fedt 41,7 g kulhydrater 11,2 g protein 581 mg natrium

Melonsalat

Forberedelsestid: 20 minutter

Madlavningstid: 0 minutter

Portioner: 6

Sværhedsgrad: Medium

Ingredienser:

- ¼ tsk havsalt
- ¼ tsk sort peber
- 1 spsk balsamicoeddike
- 1 cantaloupe, delt i kvarte og frøet
- 12 vandmeloner, små og uden kerner
- 2 kopper mozzarellakugler, friske
- 1/3 kop basilikum, frisk og revet
- 2 spsk. olivenolie

Rutevejledning:

Skrab cantaloupekuglerne og læg dem i et dørslag over en serveringsskål. Brug din melonballer til også at skære i vandmelonen, og læg den derefter i med din cantaloupe.

Lad din frugt dryppe af i ti minutter, og stil derefter saften på køl til en anden opskrift. Det kan endda tilføjes til smoothies. Tør skålen ud, og læg derefter din frugt i den.

Tilsæt basilikum, olie, eddike, mozzarella og tomater, inden du smager til med salt og peber. Bland forsigtigt og server straks eller afkølet.

Ernæring (pr. 100 g): 218 Kalorier 13g Fedt 9g Kulhydrater 10g Protein 581mg Natrium

Orange selleri salat

Forberedelsestid: 15 minutter

Madlavningstid: 0 minutter

Portioner: 6

Sværhedsgrad: Let

Ingredienser:

- 1 spsk citronsaft, frisk
- ¼ tsk fint havsalt
- ¼ tsk sort peber
- 1 spsk olivenlage
- 1 spsk olivenolie
- ¼ kop rødløg, skåret i skiver
- ½ kop grønne oliven
- 2 appelsiner, skrællet og skåret i skiver
- 3 selleristængler, skåret diagonalt i ½-tommers skiver

Rutevejledning:

Kom dine appelsiner, oliven, løg og selleri i en lav skål. Pisk din olie, olivenlage og citronsaft i en anden skål, hæld det over din salat. Smag til med salt og peber inden servering.

Ernæring (pr. 100 g): 65 kalorier 7g fedt 9g kulhydrater 2g protein 614mg natrium

Brændt broccolisalat

Forberedelsestid: 20 minutter

Madlavningstid: 10 minutter

Portioner: 4

Sværhedsgrad: Svært

Ingredienser:

- 1 lb broccoli, skåret i buketter og stilk, skåret i skiver
- 3 spsk olivenolie, delt
- 1 pint cherrytomater
- 1 ½ tsk honning, rå og delt
- 3 kopper brødterninger, fuldkorn
- 1 spsk balsamicoeddike
- ½ tsk sort peber
- ¼ tsk fint havsalt
- revet parmesan til servering

Rutevejledning:

Forbered ovnen til 450 grader, og tag derefter en bageplade ud. Sæt den i ovnen for at varme den op. Dryp din broccoli med en spiseskefuld olie og vend den til pels.

Tag bagepladen ud af ovnen og læg broccolien på den. Lad olien blive i bunden af skålen, tilsæt dine tomater, vend til belægning, og vend derefter dine tomater med en spiseskefuld honning. Hæld dem på samme bageplade som din broccoli.

Bages i femten minutter og rør rundt halvvejs gennem tilberedningen. Tilsæt dit brød, og steg derefter i yderligere tre minutter. Pisk to spiseskefulde olie, eddike og den resterende honning sammen. Smag til med salt og peber. Hæld det over din broccoliblanding til servering.

Ernæring (pr. 100 g): 226 Kalorier 12g Fedt 26g Kulhydrater 7g Protein 581mg Natrium

Tomatsalat

Forberedelsestid: 20 minutter

Madlavningstid: 0 minutter

Portioner: 4

Sværhedsgrad: Let

Ingredienser:

- 1 agurk, skåret i skiver
- ¼ kop soltørrede tomater, hakkede
- 1 lb tomater, i tern
- ½ kop sorte oliven
- 1 rødløg, skåret i skiver
- 1 spsk balsamicoeddike
- ¼ kop persille, frisk og hakket
- 2 spsk olivenolie
- havsalt og sort peber efter smag

Rutevejledning:

Tag en skål frem og bland alle dine grøntsager sammen. For at lave din vinaigrette bland alle dine krydderier, olivenolie og eddike. Vend med din salat og server afkølet.

Ernæring (pr. 100 g): 126 Kalorier 9,2 g Fedt 11,5 g Kulhydrater 2,1 g Protein 681 mg Natrium

Feta roe salat

Forberedelsestid: 15 minutter

Madlavningstid: 0 minutter

Portioner: 4

Sværhedsgrad: Let

Ingredienser:

- 6 rødbeder, kogte og skrællede
- 3 ounces fetaost, i tern
- 2 spsk olivenolie
- 2 spsk balsamicoeddike

Rutevejledning:

Bland alt sammen, og server derefter.

Ernæring (pr. 100 g): 230 Kalorier 12g Fedt 26,3g Kulhydrater 7,3g Protein 614mg Natrium

Blomkål og tomatsalat

Forberedelsestid: 15 minutter

Madlavningstid: 0 minutter

Portioner: 4

Sværhedsgrad: Let

Ingredienser:

- 1 blomkålshoved, hakket
- 2 spsk persille, frisk og hakket
- 2 kopper cherrytomater, halveret
- 2 spsk citronsaft, frisk
- 2 spsk pinjekerner
- havsalt og sort peber efter smag

Rutevejledning:

Bland din citronsaft, cherrytomater, blomkål og persille sammen, og smag til. Pynt med pinjekerner og bland godt inden servering.

Ernæring (pr. 100 g): 64 Kalorier 3,3 g Fedt 7,9 g Kulhydrater 2,8 g Protein 614 mg Natrium

Flødeost Pilaf

Forberedelsestid: 20 minutter

Madlavningstid: 10 minutter

Portioner: 6

Sværhedsgrad: Medium

Ingredienser:

- 2 kopper langkornet gule ris, parboiled
- 1 kop løg
- 4 grønne løg
- 3 spiseskefulde smør
- 3 spsk grøntsagsbouillon
- 2 tsk cayennepeber
- 1 tsk paprika
- ½ tsk nelliker, hakket
- 2 spsk mynteblade, friske og hakkede
- 1 bundt friske mynteblade, til pynt
- 1 spsk olivenolie
- havsalt og sort peber efter smag
- <u>Ostecreme:</u>
- 3 spiseskefulde olivenolie
- havsalt og sort peber efter smag
- 9 ounce flødeost

Rutevejledning:

Forbered ovnen til 360 grader, og tag derefter en pande ud. Varm dit smør og olivenolie sammen, og steg dine løg og forårsløg i to minutter.

Tilsæt salt, peber, paprika, nelliker, grøntsagsbouillon, ris og resterende krydderier. Sauter i tre minutter. Pak ind i aluminiumsfolie og kog i endnu en halv time. Lad det køle af.

Rør flødeost, ost, olivenolie, salt og peber i. Server din pilaf pyntet med friske mynteblade.

Ernæring (pr. 100 g): 364 Kalorier 30g Fedt 20g Kulhydrater 5g Protein 511mg Natrium

Ristet aubergine salat

Forberedelsestid: 10 minutter

Madlavningstid: 20 minutter

Portioner: 6

Sværhedsgrad: Let

Ingredienser:

- 1 rødløg, skåret i skiver
- 2 spsk persille, frisk og hakket
- 1 tsk timian
- 2 kopper cherrytomater, halveret
- havsalt og sort peber efter smag
- 1 tsk oregano
- 3 spiseskefulde olivenolie
- 1 tsk basilikum
- 3 auberginer, skrællet og skåret i tern

Rutevejledning:

Start med at varme din ovn op til 350. Krydr dine auberginer med basilikum, salt, peber, oregano, timian og olivenolie. Læg det på en bageplade og bag i en halv time. Bland med resten af ingredienserne inden servering.

Ernæring (pr. 100 g): 148 Kalorier 7,7 g Fedt 20,5 g Kulhydrater 3,5 g Protein 660 mg Natrium

ristede grøntsager

Forberedelsestid: 5 minutter

Madlavningstid: 15 minutter

Portioner: 12

Sværhedsgrad: Let

Ingredienser:

- 6 fed hvidløg
- 6 spiseskefulde olivenolie
- 1 fennikelløg, skåret i tern
- 1 zucchini i tern
- 2 røde peberfrugter i tern
- 6 kartofler, store og i tern
- 2 tsk havsalt
- ½ kop balsamicoeddike
- ¼ kop rosmarin, hakket og frisk
- 2 tsk vegetabilsk bouillonpulver

Rutevejledning:

Start med at varme din ovn op til 400. Læg dine kartofler, fennikel, zucchini, hvidløg og fennikel på et ovnfad, dryppet med olivenolie. Drys med salt, bouillonpulver og rosmarin. Bland godt og bag derefter ved 450 grader i tredive til fyrre minutter. Bland din eddike med grøntsagerne inden servering.

Ernæring (pr. 100 g): 675 Kalorier 21g Fedt 112g Kulhydrater 13g Protein 718mg Natrium

Pistacie og rucola salat

Forberedelsestid: 20 minutter

Madlavningstid: 0 minutter

Portioner: 6

Sværhedsgrad: Let

Ingredienser:

- 6 kopper grønkål, hakket
- ¼ kop olivenolie
- 2 spsk citronsaft, frisk
- ½ tsk røget paprika
- 2 kopper rucola
- 1/3 kop pistacienødder, usaltede og afskallede
- 6 spsk parmesanost, revet

Rutevejledning:

Tag en skål frem og bland din olie, citron, røget paprika og grønkål sammen. Masser forsigtigt bladene i et halvt minut. Din kål skal være godt belagt. Bland forsigtigt din rucola og pistacienødder lige inden servering.

Ernæring (pr. 100 g): 150 kalorier 12 g fedt 8 g kulhydrater 5 g protein 637 mg natrium

Bygrisotto med parmesan

Forberedelsestid: 10 minutter

Madlavningstid: 20 minutter

Portioner: 6

Sværhedsgrad: Svært

Ingredienser:

- 1 kop gult løg, hakket
- 1 spsk olivenolie
- 4 kopper grøntsagsbouillon, lavt natriumindhold
- 2 kopper perlebyg, ukogt
- ½ kop tør hvidvin
- 1 kop parmesanost, revet fint og delt
- havsalt og sort peber efter smag
- frisk purløg, hakket til servering
- citronbåde til servering

Rutevejledning:

Hæld din bouillon i en gryde og bring den i kog over medium-høj varme. Tag en gryde ud og sæt den også på medium-høj varme. Varm din olie op, før du tilføjer dit løg. Kog i otte minutter og rør af og til. Tilsæt din byg og kog i yderligere to minutter. Rør din byg i, kog til den er ristet.

Hæld vinen i, kog i endnu et minut. Det meste af væsken skulle være fordampet, før det tilsættes til en kop varm bouillon. Kog og rør i to minutter. Din væske skal absorberes. Tilsæt den resterende bouillon for kop og kog indtil hver kop er absorberet. Dette bør tage omkring to minutter hver gang.

Fjern fra varmen, tilsæt en halv kop ost og top med den resterende ost, purløg og citronbåde.

Ernæring (pr. 100 g): 345 kalorier 7 g fedt 56 g kulhydrater 14 g protein 912 mg natrium

Seafood & Avocado Salat

Forberedelsestid: 10 minutter

Madlavningstid: 0 minutter

Portioner: 4

Sværhedsgrad: Let

Ingredienser:

- 2 pund. laks, kogt og hakket
- 2 pund. rejer, kogte og hakkede
- 1 kop avocado, hakket
- 1 kop mayonnaise
- 4 spsk limesaft, frisk
- 2 fed hvidløg
- 1 kop creme fraiche
- havsalt og sort peber efter smag
- ½ rødløg, hakket
- 1 kop agurk, hakket

Rutevejledning:

Start med at tage en skål frem og bland hvidløg, salt, peber, løg, mayonnaise, creme fraiche og limesaft sammen,

Tag en anden skål frem og bland din laks, rejer, agurk og avocado sammen.

Tilsæt mayonnaiseblandingen til dine rejer, og lad den derefter sidde i tyve minutter i køleskabet før servering.

Ernæring (pr. 100 g): 394 Kalorier 30g Fedt 3g Kulhydrater 27g Protein 815mg Natrium

Middelhavssalat med rejer

Forberedelsestid: 40 minutter

Madlavningstid: 0 minutter

Portioner: 6

Sværhedsgrad: Let

Ingredienser:

- 1 ½ lbs. rejer, renset og kogt
- 2 selleristængler, friske
- 1 løg
- 2 grønne løg
- 4 æg, kogt
- 3 kartofler, kogte
- 3 spsk mayonnaise
- havsalt og sort peber efter smag

Rutevejledning:

Start med at skære dine kartofler i skiver og hakke din selleri. Skær dine æg i skiver og krydr. Bland alt sammen. Læg dine rejer på æggene, og server derefter med løg og grønne løg.

Ernæring (pr. 100 g): 207 Kalorier 6g Fedt 15g Kulhydrater 17g Protein 664mg Natrium

Kikærtepastasalat

Forberedelsestid: 10 minutter

Madlavningstid: 15 minutter

Portioner: 6

Sværhedsgrad: Medium

Ingredienser:

- 2 spsk olivenolie
- 16 ounce rotelle pasta
- ½ kop tørrede oliven, hakket
- 2 spsk oregano, frisk og hakket
- 2 spsk persille, frisk og hakket
- 1 bundt grønne løg, hakket
- ¼ kop rødvinseddike
- 15 ounce dåse kikærter, drænet og skyllet
- ½ kop parmesanost, revet
- havsalt og sort peber efter smag

Rutevejledning:

Kog vand og kom pastaen al dente og følg anvisningen på pakken. Dræn det og skyl det med koldt vand.

Tag en stegepande frem og opvarm din olivenolie over medium varme. Tilsæt dine grønne løg, kikærter, persille, oregano og oliven. Sænk varmen og lad det simre i yderligere 20 minutter. Lad denne blanding køle af.

Bland din kikærteblanding med din pasta og tilsæt din revet ost, salt, peber og eddike. Lad afkøle i fire timer eller natten over før servering.

Ernæring (pr. 100 g): 424 Kalorier 10g Fedt 69g Kulhydrater 16g Protein 714mg Natrium

Middelhavsrøre

Forberedelsestid: 10 minutter

Madlavningstid: 30 minutter

Portioner: 4

Sværhedsgrad: Medium

Ingredienser:

- 2 zucchini
- 1 løg
- ¼ tsk havsalt
- 2 fed hvidløg
- 3 tsk olivenolie, delt
- 1 lb kyllingebryst, udbenet
- 1 kop hurtigkogende byg
- 2 kopper vand
- ¼ tsk sort peber
- 1 tsk oregano
- tsk rød peberflager
- ½ tsk basilikum
- 2 blommetomater
- ½ kop græske oliven, udstenede
- 1 spsk persille, frisk

Rutevejledning:

Start med at fjerne skindet fra din kylling, og skær den derefter i mindre stykker. Hak hvidløg og persille, og hak derefter dine oliven, zucchini, tomater og løg. Tag en gryde frem og bring vandet i kog. Rør din byg i og lad det simre i otte til ti minutter.

Sluk for ilden. Lad stå i fem minutter. Tag en bradepande frem og tilsæt to teskefulde olivenolie. Svits din kylling, når den er varm, og tag den derefter af varmen. Kog løget i den resterende olie. Bland resten af ingredienserne og kog i yderligere tre til fem minutter. Serveres varm.

Ernæring (pr. 100 g): 337 Kalorier 8,6 g Fedt 32,3 g Kulhydrater 31,7 g Protein 517 mg Natrium

Balsamico agurkesalat

Forberedelsestid: 15 minutter

Madlavningstid: 0 minutter

Portioner: 4

Sværhedsgrad: Let

Ingredienser:

- 2/3 stor engelsk agurk, halveret og skåret i skiver
- 2/3 mellemstor rødløg, halveret og skåret i tynde skiver
- 5 1/2 spsk balsamico vinaigrette
- 1 1/3 kop druetomater, halveret
- 1/2 kop smuldret fetaost

Rutevejledning:

I en stor skål kombineres agurk, tomater og løg. Tilføj dressing; kaste til belægning. Stil den på køl, tildækket, indtil den skal serveres. Lige inden servering røres osten i. Server med en hul teske.

Ernæring (pr. 100 g): 250 kalorier 12 g fedt 15 g kulhydrat 34 g protein 633 mg natrium

Kefta oksebøffer med agurkesalat

Forberedelsestid: 10 minutter

Madlavningstid: 15 minutter

Portioner: 2

Sværhedsgrad: Svært

Ingredienser:

- madlavningsspray
- 1/2 pund hakket mørbrad
- 2 spsk plus 2 spsk hakket frisk fladbladet persille, delt
- 1 1/2 tsk skrællet og hakket frisk ingefær
- 1 tsk stødt koriander
- 2 spsk hakket frisk koriander
- 1/4 tsk salt
- 1/2 tsk stødt spidskommen
- 1/4 tsk stødt kanel
- 1 kop engelske agurker i tynde skiver
- 1 spsk riseddike
- 1/4 kop almindelig fedtfri græsk yoghurt
- 1 1/2 tsk frisk citronsaft
- 1/4 tsk friskkværnet sort peber
- 1 pita (6 tommer), skåret i tern

Rutevejledning:

Varm en grillpande op over medium-høj varme. Overtræk stegepande med madlavningsspray. Kombiner oksekød, 1/4 kop persille, koriander og de næste 5 genstande i en medium skål. Del blandingen i 4 lige store portioner, form hver til en 1/2-tommers tyk patty. Tilsæt bøfferne til panden; steg på begge sider til den ønskede færdighed.

Kombiner agurk og eddike i medium skål; kaste godt. Kombiner fedtfri yoghurt, resterende 2 spsk persille, juice og peber i en lille skål; rør rundt med et piskeris. Placer 1 patty og 1/2 kop agurkeblanding på hver af de 4 porcelæn. Top hvert tilbud med omkring 2 spiseskefulde yoghurtkrydderi. Server hver med 2 skiver pita.

Ernæring (pr. 100 g): 116 kalorier 5 g fedt 11 g kulhydrater 28 g protein 642 mg natrium

Kyllinge- og agurkesalat med persillepesto

Forberedelsestid: 15 minutter

Madlavningstid: 5 minutter

Portioner: 8

Sværhedsgrad: Let

Ingredienser:

- 2 2/3 kopper pakket friske fladbladede persilleblade
- 1 1/3 dl frisk babyspinat
- 1 1/2 spsk ristede pinjekerner
- 1 1/2 spsk revet parmesan
- 2 1/2 spsk frisk citronsaft
- 1 1/3 tsk kosher salt
- 1/3 tsk sort peber
- 1 1/3 mellemstore fed hvidløg, knust
- 2/3 kop ekstra jomfru olivenolie
- 5 1/3 kopper strimlet stegt kylling (fra 1 kylling)
- 2 2/3 kopper afskallet kogt edamame
- 1 1/2 dåse 1 (15 oz) usaltede kikærter, drænet og skyllet
- 1 1/3 kopper hakkede engelske agurker
- 5 1/3 kopper løst pakket rucola

Rutevejledning:

Kom persille, spinat, citronsaft, pinjekerner, ost, hvidløg, salt og peber i foodprocessor; behandle ca. 1 minut. Mens processoren kører, tilsæt olie; proces indtil glat, ca. 1 minut.

Kom kylling, edamame, kikærter og agurk i en stor skål. Tilsæt pesto; bland for at kombinere.

Placer 2/3 kop rucola i hver af 6 skåle; top hver med 1 kop kyllingesalatblanding. Server straks.

Ernæring (pr. 100 g): 116 kalorier 12g fedt 3g kulhydrater 9g protein 663mg natrium

Nem rucolasalat

Forberedelsestid: 15 minutter

Madlavningstid: 0 minutter

Portioner: 6

Sværhedsgrad: Let

Ingredienser:

- 6 kopper baby rucola blade, skyllet og tørret
- 1 1/2 kop cherrytomater, halveret
- 6 spiseskefulde pinjekerner
- 3 spsk vindruekerneolie eller olivenolie
- 1 1/2 spsk riseddike
- 3/8 tsk friskkværnet sort peber efter smag
- 6 spsk revet parmesan
- 3/4 tsk salt efter smag
- 1 1/2 store avocadoer – skrællet, udstenet og skåret i skiver

Rutevejledning:

Kom rucola, cherrytomater, pinjekerneprodukter, olie, eddike og parmesan i et stort plastfad med låg. Periode med salt og peber efter smag. Dæk og vrid for at kombinere.

Skil salaten på porcelænet og pynt med avocadoskiver.

Ernæring (pr. 100 g): 120 kalorier 12 g fedt 14 g kulhydrat 25 g protein 736 mg natrium

Feta og kikærtesalat

Forberedelsestid: 10 minutter

Madlavningstid: 0 minutter

Portioner: 6

Sværhedsgrad: Let

Ingredienser:

- 1 1/2 dåse (15 ounce) kikærter
- 1 1/2 dåser (2-1/4 ounce) skåret modne oliven, drænet
- 1 1/2 mellemstore tomater
- 6 spsk hakket rødløg
- 2 1/4 kopper 1-1/2 groft hakkede engelske agurker
- 6 spsk hakket frisk persille
- 4 1/2 spsk olivenolie
- 3/8 tsk salt
- 1 1/2 spsk citronsaft
- 3/16 tsk peber
- 7 1/2 dl grøn salat
- 3/4 kop smuldret fetaost

Rutevejledning:

Overfør alle ingredienser til en stor skål; bland for at kombinere. Tilsæt parmesan.

Ernæring (pr. 100 g): 140 kalorier 16 g fedt 10 g kulhydrat 24 g protein 817 mg natrium

Græske skåle med brune og vilde ris

Forberedelsestid: 15 minutter

Madlavningstid: 5 minutter

Portioner: 4

Sværhedsgrad: Let

Ingredienser:

- 2 pakker (8-1/2 ounce) klar til servering fuldkornsblanding af brune og vilde ris
- 1 mellemmoden avocado, skrællet og skåret i skiver
- 1 1/2 kop cherrytomater, halveret
- 1/2 kop græsk dressing, delt
- 1/2 kop smuldret fetaost
- 1/2 kop græske oliven uden sten, skåret i skiver
- hakket frisk persille, valgfrit

Rutevejledning:

Kombiner kornblandingen og 2 spiseskefulde af dressingen i en mikroovnssikker skål. Dæk til og kog over høj varme, indtil det er opvarmet, cirka 2 minutter. Fordel mellem 2 skåle. Bedst med avocado, tomatgrøntsager, ost, oliven, restdressing og eventuelt persille.

Ernæring (pr. 100 g): 116 kalorier 10 g fedt 9 g kulhydrater 26 g protein 607 mg natrium

Græsk salat middag

Forberedelsestid: 10 minutter

Madlavningstid: 0 minutter

Portioner: 4

Sværhedsgrad: Let

Ingredienser:

- 2 1/2 spsk grofthakket frisk persille
- 2 spsk grofthakket frisk dild
- 2 teskefulde frisk citronsaft
- 2/3 tsk tørret oregano
- 2 tsk ekstra jomfru olivenolie
- 4 kopper strimlet romainesalat
- 2/3 kop rødløg i tynde skiver
- 1/2 kop smuldret fetaost
- 2 kopper hakkede tomater
- 2 teskefulde kapers
- 2/3 agurk, skrællet, delt i kvarte på langs og skåret i tynde skiver
- 2/3 (19 ounce) dåser kikærter, drænet og skyllet
- 4 fuldkornspitaer (6 tommer), hver skåret i 8 terninger

Rutevejledning:

Kombiner de første 5 stoffer i et ret stort fad; rør rundt med et piskeris. Tilføj et medlem af salatfamilien og de næste 6 ingredienser (kikærtesalat); kaste godt. Server med pitabletter.

Ernæring (pr. 100 g):103 kalorier 12 g fedt 8 g kulhydrat 36 g protein 813 mg natrium

Citron og fennikel salat

Forberedelsestid: 15 minutter

Madlavningstid: 5 minutter

Portioner: 2

Sværhedsgrad: Medium

Ingredienser:

- 1/2 tsk stødt koriander
- 1/4 tsk salt
- 1/8 tsk friskkværnet sort peber
- 2 1/2 tsk ekstra jomfru olivenolie, delt
- 1/4 tsk stødt spidskommen
- 1 fed hvidløg, hakket
- 2 helleflynderfileter (6 ounce)
- 1 kop fennikel pære
- 2 spsk rødløg skåret lodret i tynde skiver
- 1 spsk frisk citronsaft
- 1 1/2 tsk hakket fladbladet persille
- 1/2 tsk friske timianblade

Rutevejledning:

Bland de første 4 stoffer i et lille fad. Kombiner 1/2 tsk krydderiblanding, 2 tsk olie og hvidløg i en lille skål; gnid fed hvidløgsblandingen jævnt over fisken. Opvarm 1 tsk olie i en stor nonstick-gryde over medium-høj varme. Tilsæt fisken i gryden; steg 5 minutter på hver side eller indtil den er færdig.

Kombiner de resterende 3/4 tsk krydderiblanding, de resterende 2 tsk olie, fennikelløg og de resterende ingredienser i en mellemstor skål, og vend godt til belægning. Planlæg en skaldyrssalat.

Ernæring (pr. 100 g): 110 kalorier 9 g fedt 11 g kulhydrater 29 g protein 558 mg natrium

Græsk kyllingesalat med krydderurter

Forberedelsestid: 10 minutter

Madlavningstid: 10 minutter

Portioner: 2

Sværhedsgrad: Medium

Ingredienser:

- 1/2 tsk tørret oregano
- 1/4 tsk hvidløgspulver
- 3/8 tsk sort peber, delt
- madlavningsspray
- 1/2 pund udbenet, skindfri kyllingebryst, skåret i 1-tommers terninger
- 1/4 tsk salt, delt
- 1/2 kop fedtfri yoghurt
- 1 tsk tahini (sesamfrøpasta)
- 2 1/2 tsk. frisk citronsaft
- 1/2 tsk hakket hvidløg på flaske
- 4 kopper hakket romainesalat
- 1/2 kop skrællede og hakkede engelske agurker
- 1/2 kop druetomater, halveret
- 3 udstenede kalamata-oliven, halveret
- 2 spsk (1 ounce) smuldret fetaost

Rutevejledning:

Kom oregano, naturligt hvidløgspulver, 1/2 tsk peber og 1/4 tsk salt i en skål. Varm en nonstick-gryde op over medium-høj varme. Overtræk panden med madlavningsspray. Tilføj fjerkræ og krydderi kombination; sauter indtil fjerkræ er kogt. Dryp med 1 tsk juice; røre rundt. Fjern fra stegepanden.

Kombiner de resterende 2 tsk juice, resterende 1/4 tsk natrium, resterende 1/4 tsk peber, yoghurt, tahin og hvidløg i en lille skål; bland godt. Kombiner salatfamiliemedlem, agurk, tomater og oliven. Placer 2 1/2 kopper salatblanding på hver af 4 tallerkener. Top hver servering med 1/2 kop kylling og 1 tsk ost kombination. Dryp hver portion med 3 spiseskefulde yoghurtkombination

Ernæring (pr. 100 g): 116 kalorier 11 g fedt 15 g kulhydrater 28 g protein 634 mg natrium

Græsk couscous salat

Forberedelsestid: 10 minutter

Madlavningstid: 15 minutter

Portioner: 10

Sværhedsgrad: Let

Ingredienser:

- 1 dåse (14 1/2 ounce) natriumreduceret kyllingebouillon
- 1 1/2 kopper 1-3/4 ubehandlet fuldkorns couscous (ca. 11 ounces)
- <u>Bandage:</u>
- 6 1/2 spsk olivenolie
- 1 1/4 tsk 1-1/2 revet citronskal
- 3 1/2 spsk citronsaft
- 13/16 teskefulde adobo krydderier
- 3/16 tsk salt
- <u>Salat:</u>
- 1 2/3 kopper vindruetomater, halveret
- 5/6 engelsk agurk, halveret på langs og skåret i skiver
- 3/4 kop grofthakket frisk persille
- 1 dåse (6-1/2 ounce) skåret modne oliven, drænet
- 6 1/2 spsk smuldret fetaost
- 3 1/3 grønne løg, hakket

Rutevejledning:

I en stor gryde bringes bouillonen i kog. Rør couscous i. Fjern fra ilden; lad stå, tildækket, indtil bouillon er absorberet, ca. 5 minutter. Overfør til en god størrelse fad; afkøles helt.

Pisk ingredienserne til dressingen sammen. Tilføj agurk, tomatgrøntsager, persille, oliven og grønne løg til couscous; rør dressingen i. Rør forsigtigt osten i. Giv straks eller stil på køl og server iskold.

Ernæring (pr. 100 g): 114 kalorier 13 g fedt 18 g kulhydrat 27 g protein 811 mg natrium

Denver Fried Omelet

Forberedelsestid: 10 minutter

Madlavningstid: 30 minutter

Portioner: 4

Sværhedsgrad: Medium

Ingredienser:

- 2 spsk smør
- 1/2 løg, hakket kød
- 1/2 grøn peberfrugt, hakket
- 1 kop hakket kogt skinke
- 8 æg
- 1/4 kop mælk
- 1/2 kop revet cheddarost og kværnet sort peber efter smag

Rutevejledning:

Forvarm ovnen til 200 grader C (400 grader F). Smør en 10 tommer rund bradepande.

Smelt smør over medium varme; kog og rør løg og peberfrugt møre, cirka 5 minutter. Rør skinken i og fortsæt med at koge, indtil den er gennemvarmet, 5 minutter.

Pisk æg og mælk i en stor skål. Rør cheddarost og skinkeblanding i; Smag til med salt og sort peber. Hæld blandingen i en ovnfast fad. Bages i cirka 25 minutter. Serveres varm.

Ernæring (pr. 100 g): 345 Kalorier 26,8 g Fedt 3,6 g Kulhydrater 22,4 g Protein 712 mg Natrium

Pølse Pan

Forberedelsestid: 25 minutter

Madlavningstid: 60 minutter

Portioner: 12

Sværhedsgrad: Medium

Ingredienser:

- 1 pund salvie morgenmadspølse,
- 3 kopper revne kartofler, drænet og presset
- 1/4 kop smeltet smør,
- 12 oz revet mild cheddarost
- 1/2 kop løg, revet
- 1 lille beholder hytteost (16 oz)
- 6 kæmpe æg

Rutevejledning:

Sæt ovnen på 190°C. Smør let en 9 x 13 tommer firkantet bradepande.

Læg pølsen i en stor stegepande. Kog over medium varme indtil glat. Dræn, smuldr og stil til side.

Kom revne kartofler og smør i en tilberedt ovnfast fad. Dæk bunden og siderne af fadet med blandingen. Kom pølser, cheddar, løg, hytteost og æg i en skål. Hæld kartoffelblandingen over. Lad det koge.

Lad afkøle 5 minutter før servering.

Ernæring (pr. 100 g): 355 Kalorier 26,3 g Fedt 7,9 g Kulhydrater 21,6 g Protein 755 mg Natrium.

Grillede marinerede rejer

Forberedelsestid: 30 minutter

Madlavningstid: 60 minutter

Portioner: 6

Sværhedsgrad: Let

Ingredienser:

- 1 kop olivenolie,
- 1/4 kop hakket frisk persille
- 1 citron, presset,
- 3 fed hvidløg, finthakket
- 1 spsk tomatpuré
- 2 teskefulde tørret oregano,
- 1 tsk salt
- 2 spsk varm pebersauce
- 1 tsk malet sort peber,
- 2 pund rejer, pillede og halede

Rutevejledning:

Kom olivenolie, persille, citronsaft, varm sauce, hvidløg, tomatpuré, oregano, salt og sort peber i en skål. Reserver et lille beløb til senere. Fyld den store genlukkelige plastikpose med marinade og rejer. Luk og lad afkøle i 2 timer.

Forvarm grillen til medium varme. Træk rejerne på spyd, prik en gang i halen og en gang i hovedet. Kassér marinaden.

Smør grillen let. Kog rejer 5 minutter på hver side eller indtil de er uigennemsigtige, og dryp ofte med reserveret marinade.

Ernæring (pr. 100 g): 447 Kalorier 37,5 g Fedt 3,7 g Kulhydrater 25,3 g Protein 800 mg Natrium

Pølseæggryde

Forberedelsestid: 20 minutter

Madlavningstid: 1 time 10 minutter

Portioner: 12

Sværhedsgrad: Medium

Ingredienser:

- 3/4 pund finthakket svinepølse
- 1 spiseskefuld smør
- 4 grønne løg, hakket kød
- 1/2 pund friske svampe
- 10 sammenpisket æg
- 1 beholder (16 gram) fedtfattig hytteost
- 1 pund Monterey Jack ost, revet
- 2 dåser grøn peberfrugt i tern, afdryppet
- 1 kop mel, 1 tsk bagepulver
- 1/2 tsk salt
- 1/3 kop smeltet smør

Rutevejledning:

Kom pølsen i en bradepande. Kog over medium varme indtil glat. Dræn og reserver. Smelt smørret i en stegepande, steg og rør grønne løg og champignon, indtil de er bløde.

Kom æg, hytteost, Monterey Jack ost og peberfrugt i en stor skål. Rør pølse, grønne løg og svampe i. Dæk til og stil på køl natten over.

Indstil ovnen til 175°C (350°F). Smør en let 9 x 13 tommer bageform.

Sigt mel, bagepulver og salt i en skål. Rør det smeltede smør i. Rør melblandingen i æggeblandingen. Hæld i forberedt bageform. Kog indtil let gylden. Lad stå 10 minutter før servering.

Ernæring (pr. 100 g): 408 Kalorier 28,7 g Fedt 12,4 g Kulhydrater 25,2 g Protein 1095 mg Natrium

Bagte omeletfirkanter

Forberedelsestid: 15 minutter
Madlavningstid: 30 minutter
Portioner: 8
Sværhedsgrad: Let

Ingredienser:

- 1/4 kop smør
- 1 lille løg, hakket kød
- 1 1/2 kop revet cheddarost
- 1 dåse champignon i skiver
- 1 dåse kogt skinke skåret sorte oliven (valgfrit)
- skåret jalapeno peberfrugt (valgfrit)
- 12 æg, røræg
- 1/2 kop mælk
- salt og peber efter smag

Rutevejledning:

Forbered ovnen ved 205°C (400°F). Smør en 9 x 13 tommer bageform.

Kog smørret i en stegepande ved middel varme og steg løget til det er kogt.

Arranger cheddarosten i bunden af den tilberedte bradepande. Et lag af svampe, oliven, stegte løg, skinke og jalapenopeber. Bland æggene i en skål med mælk, salt og peber. Hæld æggeblandingen over ingredienserne, men bland ikke.

Bages, uden låg, i forvarmet ovn, indtil der ikke drypper mere væske i midten og er lysebrun på toppen. Lad det køle lidt af, skær derefter i firkanter og server.

Ernæring (pr. 100 g): 344 Kalorier 27,3 g Fedt 7,2 g Kulhydrater 17,9 g Protein 1087 mg Natrium

Svampe med sojasovs glasur

Forberedelsestid: 5 minutter

Madlavningstid: 10 minutter

Portioner: 2

Sværhedsgrad: Medium

Ingredienser:

- 2 spsk smør
- 1 (8 ounce) pakke skåret hvide svampe
- 2 fed hvidløg, hakket
- 2 teskefulde sojasovs
- kværnet sort peber efter smag

Rutevejledning:

Kog smør i stegepande over medium varme; rør i svampene; kog og rør, indtil svampene er møre og løse, cirka 5 minutter. Rør hvidløg i; fortsæt med at lave mad og rør i 1 minut. Hæld sojasovsen i; kog svampe i sojasovs, indtil væsken er fordampet, cirka 4 minutter.

Ernæring (pr. 100 g): 135 Kalorier 11,9 g Fedt 5,4 g Kulhydrater

Pepperoni æg

Forberedelsestid: 10 minutter

Madlavningstid: 20 minutter

Portioner: 2

Sværhedsgrad: Medium

Ingredienser:

- 1 kop æggeerstatning
- 1 æg
- 3 grønne løg, hakket kød
- 8 skiver pepperoni i tern
- 1/2 tsk hvidløgspulver
- 1 tsk smeltet smør
- 1/4 kop revet Romano ost
- salt og kværnet sort peber efter smag

Rutevejledning:

Kom æg-erstatning, æg, grønne løg, pepperoni-skiver og hvidløgspulver i en skål.

Kog smør i nonstick stegepande over lav varme; Tilsæt æggeblandingen, luk gryden og kog i 10 til 15 minutter. Drys Romano-æggene og krydr med salt og peber.

Ernæring (pr. 100 g): 266 Kalorier 16,2 g Fedt 3,7 g Kulhydrater 25,3 g Protein 586 mg Natrium

Æggekager

Forberedelsestid: 15 minutter

Madlavningstid: 20 minutter

Portioner: 6

Sværhedsgrad: Medium

Ingredienser:

- 1 pakke bacon (12 ounce)
- 6 æg
- 2 spsk mælk
- 1/4 tsk salt
- 1/4 tsk stødt sort peber
- 1 ea. Smeltet smør
- 1/4 tsk. Tørret persille
- 1/2 kop skinke
- 1/4 kop mozzarellaost
- 6 skiver gouda ost

Rutevejledning:

Forbered ovnen ved 175°C (350°F). Kog baconen ved middel varme, indtil den begynder at brune. Dup baconskiverne tørre med køkkenrulle.

Læg baconskiverne i de 6 kopper i nonstick-muffinformen. Skær det resterende bacon i skiver og læg det i bunden af hver kop.

Bland æg, mælk, smør, persille, salt og peber. Tilsæt skinke og mozzarella.

Fyld kopper med æggeblanding; top med Gouda ost.

Bages i forvarmet ovn, indtil Gouda-osten er smeltet og æggene er møre, cirka 15 minutter.

Ernæring (pr. 100 g): 310 Kalorier 22,9 g Fedt 2,1 g Kulhydrater 23,1 g Protein 988 mg Natrium.

Paleo Mandel Banan Pandekager

Forberedelsestid: 10 minutter

Madlavningstid: 10 minutter

Portioner: 3

Sværhedsgrad: Medium

Ingredienser:

- ¼ kop mandelmel
- ½ tsk stødt kanel
- 3 æg
- 1 banan, moset
- 1 spsk mandelsmør
- 1 tsk vaniljeekstrakt
- 1 tsk olivenolie
- Banan i skiver til servering

Rutevejledning:

Pisk æggene i en skål, til de er skummende. I en anden skål moses bananen med en gaffel og tilsættes æggeblandingen. Tilsæt vanilje, mandelsmør, kanel og mandelmel. Bland til en glat pasta. Varm olivenolien op i en gryde. Tilsæt en skefuld dej og steg dem på begge sider.

Fortsæt med at udføre disse trin, indtil du er færdig med al dejen.

Læg et par bananskiver ovenpå inden servering.

Ernæring (pr. 100 g): 306 Kalorier 26g Fedt 3,6g Kulhydrater 14,4g Protein 588mg Natrium

Zucchini med æg

Forberedelsestid: 5 minutter

Madlavningstid: 10 minutter

Portioner: 2

Sværhedsgrad: Let

Ingredienser:

- 1 1/2 spsk olivenolie
- 2 store zucchini, skåret i store stykker
- salt og kværnet sort peber efter smag
- 2 store æg
- 1 tsk vand, eller dit valg

Rutevejledning:

Kog olie i stegepande over medium varme; sauter zucchini indtil de er møre, cirka 10 minutter. Krydr zucchinien godt.

Pisk æggene med en gaffel i en skål. Hæld vand i og pisk indtil det er godt blandet. Hæld æg over zucchini; kog og rør indtil røræg ikke længere er flydende, cirka 5 minutter. Krydr zucchini og æg godt.

Ernæring (pr. 100 g): 213 Kalorier 15,7 g Fedt 11,2 g Kulhydrater 10,2 g Protein 180 mg Natrium

Osteagtig Amish morgenmadsgryde

Forberedelsestid: 10 minutter

Madlavningstid: 50 min

Portioner: 12

Sværhedsgrad: Let

Ingredienser:

- 1 pund skåret bacon i tern,
- 1 sødt løg, hakket kød
- 4 kopper frosne strimlede kartofler, optøet
- 9 æg let pisket
- 2 kopper revet cheddarost
- 1 1/2 dl hytteost
- 1 1/4 kop revet schweizerost

Rutevejledning:

Forvarm ovnen til 175°C (350°F). Smør en 9 x 13 tommer bageform.

Varm en stor stegepande op over medium varme; kog og rør bacon og løg, indtil bacon er jævnt brunet, cirka 10 minutter. Dræne. Rør kartofler, æg, cheddarost, hytteost og schweizerost i. Fyld blandingen i en forberedt bageform.

Bag indtil æggene er sat og osten er smeltet, 45 til 50 minutter. Lad stå 10 minutter før udskæring og servering.

Ernæring (pr. 100 g): 314 Kalorier 22,8 g Fedt 12,1 g Kulhydrater 21,7 g Protein 609 mg Natrium

Salat med Roquefort

Forberedelsestid: 20 minutter

Madlavningstid: 25 minutter

Portioner: 6

Sværhedsgrad: Let

Ingredienser:

- 1 salatblad, revet i mundrette stykker
- 3 pærer - skrællede, udstenede og skåret i stykker
- 5 ounce Roquefort ost, smuldret
- 1/2 kop hakkede grønne løg
- 1 avocado – skrællet, udsået og skåret i tern
- 1/4 kop hvidt sukker
- 1/2 kop pekannødder
- 1 1/2 tsk hvidt sukker
- 1/3 kop olivenolie,
- 3 spiseskefulde rødvinseddike,
- 1 1/2 tsk forberedt sennep,
- 1 hakket fed hvidløg,
- 1/2 tsk friskkværnet sort peber

Rutevejledning:

Rør 1/4 kop sukker med pekannødderne i en stegepande ved middel varme. Bliv ved med at røre forsigtigt, indtil sukkeret er smeltet sammen med pekannødderne. Læg forsigtigt nødderne på vokspapir. Stil til side og del i stykker.

Kombination til dressingolie, eddike, 1 1/2 tsk sukker, sennep, hakket hvidløg, salt og peber.

I en stor skål kombineres salat, pærer, blåskimmelost, avocado og grønne løg. Dryp dressingen over salaten, pynt med pekannødder og server.

Ernæring (pr. 100 g): 426 Kalorier 31,6 g Fedt 33,1 g Kulhydrater 8 g Protein 654 mg Natrium

Ris med vermicelli

Forberedelsestid: 5 minutter

Madlavningstid: 45 minutter

Portioner: 6

Sværhedsgrad: Let

Ingredienser:

- 2 kopper kortkornet ris
- 3½ kopper vand, plus mere til skylning og iblødsætning af risene
- ¼ kop olivenolie
- 1 kop knust vermicelli pasta
- Salt

Rutevejledning:

Udblød risene under koldt vand, indtil vandet er rent. Kom risene i en skål, dæk med vand og lad dem trække i 10 minutter. Dræn og reserver. Kog olivenolien i en medium gryde ved middel varme.

Rør vermicelli i og kog i 2 til 3 minutter, under konstant omrøring, indtil de er gyldenbrune.

Tilsæt risene og kog i 1 minut under omrøring, så risene er godt belagt med olie. Rør vandet og en knivspids salt i og bring væsken i kog. Juster varmen og lad det simre i 20 minutter. Fjern fra varmen og lad stå i 10 minutter. Pluk med en gaffel og server.

Ernæring (pr. 100 g): 346 kalorier 9 g totalt fedt 60 g kulhydrat 2 g protein 0,9 mg natrium

Bønner og ris

Forberedelsestid: 10 minutter

Madlavningstid: 35 min

Portioner: 4

Sværhedsgrad: Let

Ingredienser:

- ¼ kop olivenolie
- 4 kopper friske bønner, afskallede
- 4½ kopper vand, plus mere til at drysse
- 2 kopper basmatiris
- 1/8 tsk salt
- 1/8 tsk friskkværnet sort peber
- 2 spsk pinjekerner, ristede
- ½ kop hakket frisk hvidløg purløg eller frisk løg purløg

Rutevejledning:

Fyld gryden med olivenolie og kog over medium varme. Tilsæt bønnerne og drys dem med lidt vand, så de ikke brænder på eller klistrer. Bages 10 minutter.

Rør forsigtigt risene i. Tilsæt vand, salt og peber. Skru op for varmen og bring blandingen i kog. Juster varmen og lad det simre i 15 minutter.

Fjern fra varmen og lad stå 10 minutter før servering. Hæld på et serveringsfad og drys med ristede pinjekerner og purløg.

Ernæring (pr. 100 g): 587 kalorier 17 g totalt fedt 97 g kulhydrat 2 g protein 0,6 mg natrium

smørbønner

Forberedelsestid: 30 minutter

Madlavningstid: 15 minutter

Portioner: 4

Sværhedsgrad: Let

Ingredienser:

- ½ kop grøntsagsbouillon
- 4 pund bondebønner, afskallede
- ¼ kop frisk estragon, delt
- 1 tsk hakket frisk timian
- ¼ tsk friskkværnet sort peber
- 1/8 tsk salt
- 2 spsk smør
- 1 fed hvidløg, hakket
- 2 spsk hakket frisk persille

Rutevejledning:

Bring grøntsagsbouillonen i kog i en lav gryde ved middel varme. Tilsæt bondebønnerne, 2 spsk estragon, timian, peber og salt. Kog indtil bouillon er næsten absorberet og bønnerne er møre.

Rør smør, hvidløg og de resterende 2 spsk estragon i. Kog 2 til 3 minutter. Drys med persille og server varm.

Ernæring (pr. 100 g): 458 kalorier 9 g fedt 81 g kulhydrater 37 g protein 691 mg natrium

Freekeh

Forberedelsestid: 10 minutter

Madlavningstid: 40 min

Portioner: 4

Sværhedsgrad: Let

Ingredienser:

- 4 spiseskefulde ghee
- 1 løg, hakket
- 3½ dl grøntsagsbouillon
- 1 tsk stødt allehånde
- 2 kopper freekeh
- 2 spsk pinjekerner, ristede

Rutevejledning:

Smelt ghee i en tyk gryde ved middel varme. Rør løget i og steg i cirka 5 minutter, under konstant omrøring, indtil løget er gyldenbrunt. Hæld grøntsagsbouillonen i, tilsæt allehånde og bring det i kog. Rør freekeh i og bring blandingen i kog. Juster varmen og lad det simre i 30 minutter under omrøring af og til. Hæld freekeh i et serveringsfad og pynt med ristede pinjekerner.

Ernæring (pr. 100 g): 459 kalorier 18 g fedt 64 g kulhydrater 10 g protein 692 mg natrium

Stegte riskugler i tomatsauce

Forberedelsestid: 15 minutter

Madlavningstid: 20 minutter

Portioner: 8

Sværhedsgrad: Svært

Ingredienser:

- 1 kop brødkrummer
- 2 kopper kogt risotto
- 2 store æg, delt
- ¼ kop friskrevet parmesanost
- 8 kugler frisk mozzarella eller 1 log frisk mozzarella (4 tommer), skåret i 8 stykker
- 2 spsk vand
- 1 kop majsolie
- 1 kop grundlæggende tomatbasilikumsauce, eller købt i butikken

Rutevejledning:

Kom brødkrummerne i en lille skål og stil til side. I en mellemstor skål blandes risotto, 1 æg og parmesan, indtil det er glat. Del risottoblandingen i 8 stykker. Læg dem på en ren arbejdsflade og flad hvert stykke.

Læg 1 kugle mozzarella på hver skive med flade ris. Pak risene rundt om mozzarellaen til en kugle. Gentag indtil du er færdig med alle kuglerne. I den samme mellemstore skål, nu tom, pisk det resterende æg og vand. Dyp hver tilberedte risottokugle i æggeskyl og rul dem i brødkrummer. Læg til side.

Kog majsolie i en stegepande ved høj varme. Slip forsigtigt risottokuglerne i den varme olie og steg i 5-8 minutter, indtil de er gyldenbrune. Rør dem om nødvendigt for at sikre, at hele overfladen er stegt. Brug en hulske til at lægge de stegte kugler på køkkenrulle til afdrypning.

Varm tomatsaucen op i en medium gryde ved middel varme i 5 minutter, rør af og til og server saucen varm sammen med riskuglerne.

Ernæring (pr. 100 g): 255 kalorier 15 g fedt 16 g kulhydrat 2 g protein 669 mg natrium

spanske ris

Forberedelsestid: 10 minutter

Madlavningstid: 35 min

Portioner: 4

Sværhedsgrad: Medium

Ingredienser:

- ¼ kop olivenolie
- 1 lille løg, finthakket
- 1 rød peberfrugt, kernet og skåret i tern
- 1½ kop hvide ris
- 1 tsk sød paprika
- ½ tsk stødt spidskommen
- ½ tsk stødt koriander
- 1 fed hvidløg, hakket
- 3 spsk tomatpuré
- 3 kopper grøntsagsbouillon
- 1/8 tsk salt

Rutevejledning:

Varm olivenolien op i en stor, tykbundet stegepande ved middel varme. Rør løg og rød peber i. Kog 5 minutter, eller indtil det er blødt. Tilsæt ris, paprika, spidskommen og koriander og kog i 2 minutter under jævnlig omrøring.

Tilsæt hvidløg, tomatpure, grøntsagsbouillon og salt. Rør godt rundt og krydr evt. Lad blandingen koge. Sænk varmen og lad det simre i 20 minutter.

Stil til side 5 minutter før servering.

Ernæring (pr. 100 g): 414 kalorier 14 g fedt 63 g kulhydrater 2 g protein 664 mg natrium

Zucchini med ris og tzatziki

Forberedelsestid: 20 minutter

Madlavningstid: 35 min

Portioner: 4

Sværhedsgrad: Medium

Ingredienser:

- ¼ kop olivenolie
- 1 løg, hakket
- 3 zucchini i tern
- 1 kop grøntsagsbouillon
- ½ kop hakket frisk dild
- Salt
- Friskkværnet sort peber
- 1 kop kortkornet ris
- 2 spsk pinjekerner
- 1 kop tzatziki sauce, almindelig eller købt yoghurt

Rutevejledning:

Kog olien i en tykbundet gryde ved middel varme. Rør løg i, reducer varmen til middel-lav og svits i 5 minutter. Tilsæt zucchinien og kog i yderligere 2 minutter.

Rør grøntsagsbouillon og dild i og smag til med salt og peber. Øg varmen til medium og bring blandingen i kog.

Rør risene i og bring blandingen i kog. Sæt varmen til meget lav, dæk gryden og kog i 15 minutter. Fjern fra varmen og lad stå i 10 minutter. Fordel risene på et serveringsfad, drys med pinjekerner og server med tzatziki-saucen.

Ernæring (pr. 100 g): 414 kalorier 17g fedt 57g kulhydrater 5g protein 591mg natrium

Cannellini bønner med rosmarin hvidløg Aioli

Forberedelsestid: 10 minutter
Madlavningstid: 10 minutter
Portioner: 4
Sværhedsgrad: Let

Ingredienser:

- 4 kopper kogte cannellini bønner
- 4 kopper vand
- ½ tsk salt
- 3 spiseskefulde olivenolie
- 2 spsk hakket frisk rosmarin
- ½ kop hvidløgsaioli
- ¼ tsk friskkværnet sort peber

Rutevejledning:

Kom cannellinibønner, vand og salt i en medium gryde ved middel varme. Bring i kog. Kog 5 minutter. Dræne. Kog olivenolien i en stegepande ved middel varme.

Tilsæt bønnerne. Rør rosmarin og aioli i. Juster varmen til medium-lav og kog, under omrøring, lige for at varme igennem. Smag til med peber og server.

Ernæring (pr. 100 g): 545 kalorier 36 g fedt 42 g kulhydrater 14 g protein 608 mg natrium

Jeweled ris

Forberedelsestid: 15 minutter

Madlavningstid: 30 minutter

Portioner: 6

Sværhedsgrad: Svært

Ingredienser:

- ½ kop olivenolie, delt
- 1 løg, finthakket
- 1 fed hvidløg, hakket
- ½ tsk hakket frisk skrællet ingefær
- 4½ kopper vand
- 1 tsk salt, delt, plus mere efter behov
- 1 tsk stødt gurkemeje
- 2 kopper basmatiris
- 1 kop friske søde ærter
- 2 gulerødder, skrællet og skåret i ½ tomme tern
- ½ kop tørrede tranebær
- Revet skal af 1 appelsin
- 1/8 tsk cayennepeber
- ¼ kop skivede mandler, ristede

Rutevejledning:

Varm ¼ kop olivenolie i en stor stegepande. Læg løget og steg i 4 minutter. Svits hvidløg og ingefær.

Rør vandet, ¾ tsk salt og gurkemeje i. Bring blandingen i kog. Tilsæt risene og bring blandingen i kog. Smag bouillonen til og smag til med mere salt, hvis det er nødvendigt. Vælg varmen til lav, og kog i 15 minutter. Sluk for ilden. Lad risene sidde på blusset, tildækket, i 10 minutter. I mellemtiden opvarmes den resterende ¼ kop olivenolie i en mellemstor sauterpande eller stegepande over middel-lav varme. Rør ærter og gulerødder i. Kog 5 minutter.

Rør tranebær og appelsinskal i. Drys med resterende salt og cayennepeber. Kog 1 til 2 minutter. Hæld risene på et serveringsfad. Pynt med ærter og gulerødder og drys med ristede mandler.

Ernæring (pr. 100 g): 460 kalorier 19 g fedt 65 g kulhydrat 4 g protein 810 mg natrium

Asparges Risotto

Forberedelsestid: 15 minutter

Madlavningstid: 30 minutter

Portioner: 4

Sværhedsgrad: Svært

Ingredienser:

- 5 kopper grøntsagsbouillon, delt
- 3 spsk usaltet smør, delt
- 1 spsk olivenolie
- 1 lille løg, hakket
- 1½ dl arborio ris
- 1 pund friske asparges, enderne trimmet, skåret i 1-tommers stykker, spidserne adskilt
- ¼ kop friskrevet parmesanost

Rutevejledning:

Kog grøntsagsbouillonen ved middel varme. Sæt varmen til lav og lad simre. Bland 2 spsk smør med olivenolien. Rør løget i og steg i 2 til 3 minutter.

Tilsæt risene og rør rundt med en træske, mens de koger i 1 minut, indtil kornene er godt belagt med smør og olie.

Rør ½ kop varm bouillon i. Kog og fortsæt med at røre, indtil bouillonen er helt absorberet. Tilsæt aspargesstilkene og yderligere ½ kop bouillon. Kog og rør af og til. Fortsæt med at tilføje bouillon, ½ kop ad gangen, og kog indtil den er helt absorberet, når du tilføjer den næste ½ kop. Rør ofte for at undgå at klæbe. Risene skal være kogte, men stadig faste.

Tilsæt aspargesspidserne, den resterende spiseskefuld smør og parmesanen. Rør kraftigt for at kombinere. Fjern fra varmen, pynt med yderligere parmesan, hvis det ønskes, og server straks.

Ernæring (pr. 100 g): 434 kalorier 14 g fedt 67 g kulhydrater 6 g protein 517 mg natrium